민 낯 들

민낯들

잊고 또 잊는

사회의

뒷모습

오찬호 지음

프롤로그 – 여기를 보자는데 저기를 보는 사람들

1부,

말줄임표
죽 음 도   별 수   없 다

여기를 보자는데
저기를 보는 사람들

에베레스트산만 한 혜성이 지구를 향해 돌진한다. 이를 확인한 과학자들은 대통령과의 면담을 어렵게 성사시켜 겨우겨우 사실을 전달한다. 하지만 선거를 앞두고 표 계산에 급급한 정치인들의 대답은 "그래서요?"였다. 충돌해 봤자 해일이 좀 발생하는 정도 아니겠냐며 지켜보고 판단하자는 안일함에 화가 난 과학자가 외친다. "전 인류가 멸종한다고요!"

영화 〈돈 룩 업〉(Don't Look Up, 2021)의 내용이다. 정치인만 무능한 게 아니다. 6개월 후 모두가 죽을 판인데 언론은 진지하게 다루지 않는다. 대중은 고군분투하는 이들을 사이버 세상의 조롱거리로 만든다. 지구 멸망이 코앞이지만 아무도 관심이 없다. 우여곡절 끝에 핵폭탄을 사용해 궤도를 바꾸기로 했는데, 이

조차도 혜성의 비싼 광물자원을 노리는 사업가의 제안에 막혀 좌초된다. 과학을 신뢰하는 사람들은 제발 위를 보라고(Look up!) 하소연하지만, 한쪽에선 지나친 공포감에 사로잡힌 괜한 걱정이라면서 위를 쳐다보지 말라고(Don't Look Up!) 한다. "실화...가 될지도 모를 이야기"라는 포스터 문구처럼 인류의 숙제를 외면하는 현실에 대한 풍자가 대단하다. 기후 위기의 심각성이 언급될 때마다 호명될 영화임이 분명하다.

메시지가 던져졌을 때 나아가야 할 명확한 방향을 읽어 내지 못하는 사회는 퇴행한다. 지구를 멸망시킬 혜성이 다가온다는 과학자의 경고처럼, 우리가 살아가는 세상에는 걱정스러운 신호가 연일 울린다. 학교 폭력 피해자, 시험 성적에 울고 웃는 입시생, 집값에 좌절하는 청춘, 경력 단절로 우울증에 걸린 여성, 남자답게 살라는 말에 지친 남성, 위험한 일을 마다할 수 없는 노동자, 외모로 차별받고 성 정체성으로 혐오에 익숙해져야 하는 사람 등등이 내뱉는 고함 소리는 차고 넘친다. 그들은 그저 힘들다고 소리친 것이지만, 신호의 의미는 분명하다. 사회가 변하지 않는 한 개인의 고통은 쉽게 사라지지 않으리라는 것. 그저 행복하려는 사람조차 갖은 이유로 좌절시키는 세상의 문제는, 세상이지 사람이 아니다. 이를 외면하면 개인은 극단적인 선택을 하게 된다. 한국이 괜히 자살률 1위가 아니다.

여기를 봐야 하는데, 저기를 보자는 사람들이 많다. 이는 다양한 문장으로 변형된다. 그것만 중요해? 왜 나쁜 것만 말해? 좀 긍정적인 이야기를 하면 안 될까? 희망이란 단어도 교묘하게 악용된다. 희망은, 절망을 걷어 내야 비로소 가능한데 덮어 두고 무작정 앞으로만 나가잔다. 아픔을 노골적으로 외면하는 것에 불과하다.

　절망을 수건으로만 덮어 두었으니 바람만 불면 다시 절망이 꿈틀거린다. 절망도 잦아지면, 보는 사람의 감각이 무뎌진다. 안타까운데, 딱 거기까지다. 사회가 원망스러운데, 딱 거기까지다. 그 안타까움과 원망스러움을 의미 있는 사회적 논의로 확장시키고자 조금만 힘을 보태 달라고 하면 낯설어한다. 낯설다고 눈감았기에 세상은 전혀 달라지지 않는다. 그러니 불편함은 무한 반복된다. 이때부터 사람들은 거칠어진다. 처음엔 그래도 조금이나마 미안한 마음에 하고 싶은 말을 다 뱉지는 않았던 사람들이 당당해진다. 귀찮다고 말한다. 너만 힘드냐고, 유난 떨지 말라면서 빈정거린다. 자기 업보라면서 조롱한다.

　지금 한국의 상황은 영화의 반대다. 이 땅에서 무슨 일이 일어나는지 제대로 보아야 할 순간에도 시선을 하늘로 고정한 채 내리지 않는 이들이 많으니 말이다. 발 딛고 서 있는 땅이 흔들리고 있는데, 땅의 성가신 일들이 창공의 고요함과 무탈함에 침범하는 것을 어떻게든 막겠다는 결의가 넘치는 세상이다. 이를테면 "내 집 대문 앞에 장애인 특수학교가 웬 말이냐"와 같은 현수막이 당당하게 붙어 있는 것처럼. 혐오가 표현의 자유처럼 포장된 곳에선 이동권을 보장하라라며 지하철에서 시위하는 장애인에게 "출근 시간을 방해 말라!"면서 화를 내는 이들이 있을 수밖에 없다. 희망이 없는 여기를 보자는데, 절망을 외면하는 저기만 보기 때문이다. 사람들은 차별과 혐오, 불평등과 불신이 선명한 땅보다 자기 계발, 동기부여, 긍정적 사고, 힐링, 경제적 자유인 등의 슬로건이 나부끼는 하늘을 보는 걸 좋아한다. 하늘을 보는 건 문제가 아니지만 하늘'만' 보는 사람이 많아지면, 그 사회가 어떻게 변할까?

'다양한 의견'이란 말을 좋아하면서도 경계한다. 다양성이란 편견을 깰 연료이자, 획일적인 잣대에 균열을 일으키는 근거다. 조각이 연대하면 기득권의 폭력에 저항하는 방패가 되기에 민주주의의 근본이다. 하지만 그 다양성을 '무시하는' 걸 다양한 의견이라고 우기는 논리도 부유한다. 정상가족이라는 편견을 깨자면, 그러다 인류가 망한다고 한다. 성 소수자라는 조각을 꺼내면, 질서를 파괴한 이들을 싫어할 권리를 억압하지 말라며 화를 낸다. 외면당했던 조각을 겨우겨우 사회 공동체라는 퍼즐에 끼워 맞추려고 하면, 굳이 그럴 필요가 있냐면서 혐오의 감정을 거두지 않는다. 차별을 줄여 나가는 방법은 다양한 의견 속에서 수렴되어야 하겠지만, 다짜고짜 차별이 왜 문제냐고 묻는 것도 다양성의 좋은 예시일까? 혐오할 자유도 있는 거 아니냐는 주장을 다양성이란 말로 감쌀 수 있을까?

한 사람 한 사람에게 존엄한 삶을 되찾아 주는, 그래서 보다 많은 사람들이 행복해지기 위한 질문을 찾았다. 인간 존엄이 보장되지 않았기에 발생한 안타까운 사건들과, 한국 사회는 원래 그렇기에 어쩔 수 없다는 체념이 야기한 괴상한 일들 속에 질문은 숨겨져 있다. 1부에선 변희수 하사, 가수 설리, 최숙현 선수, 김용균 노동자, 성북구 네 모녀의 죽음과 가습기 살균제 피해자들이 폭로한 사회의 민낯을 다뤘다. 2부에선 n번방 성착취물 제작 및 유포 사건, 세월호 침몰 참사, 대통령 탄핵 촛불 시위, 조국 장관 논쟁, 낙태죄 폐지, 그리고 코로나 바이러스 팬데믹 사태를 조명하며 제대로 된 질문이 부재한 사회가 왜 문제인지, 어떤 질문을 미리 던졌어야 했는지를 논한다. 이 열두 사건은 지난 몇 년간 한국 사회를 뜨겁게 달궜던 첨예한 논쟁을 대변하는데, 돌이켜보자면 그전에도 유사한 사건은 많았다. 매번 놀라기만 했지 질문의 방향이 틀렸기 때문 아니겠는가.

《고교독서평설》에 2020년 한 해 동안 연재한 글을 모았다. 분량을 곱절보다도 더 늘렸기에 다시 쓴 거나 다름없다. 단행본을 읽을 다양한 연령대의 독자 눈높이를 고려해서이겠지만, 못다 한 말이 많아서였다. 연재 당시에는 '자녀 교육에 적절하지 않다'는 항의를 많이 받았다. 게다가 이런 항의는 거칠어서, 내가 약간이라도 눈치를 보지 않았다는 건 거짓말일 거다. 꼭 해야 할 말인데, 무난하게 가자면서 우회로를 찾은 적이 몇 번 있다. 다시는 이런 생각, 저런 생각 다 옳다는 식으로 넘어가서는 안 된다는 각오로 집필했다. 경험상 이런 글은 호불호가 갈리겠지만, 차별과 혐오가 줄어드는 세상을 꿈꾸는 내 의지는 한 번도 변한 적 없다. 이 책도 마찬가지다. 더 이상 절망을 덮어만 둘 순 없다. 여기를 보아야 할 땐, 여기를 보아야 한다. '여기'가 문제라면, '여기부터' 시작해야 한다.

2022년 4월 제주에서

오찬호

1부,

말 줄 임 표

죽음도
·············

별수
·········

없다
········

"그래, 나는 트랜스젠더다.
그래, 나는 성전환을 했다."
"So yeah, I'm transgender.
And yeah, I've transitioned."[1]

— 〈매트릭스〉 감독 릴리 워쇼스키|Lilly Wachowski

살고 싶다는데도 별수 없다

— 성 소수자는 여기에 있다[1], 故 변희수 —

불공정한 낯섦

낯섦. 누구나 살면서 자주 느끼는 감정, 그리고 흔히 뱉는 말이다. 음악이 평소 접하던 장르와 다를 때, 영화가 대중성과는 거리가 있을 때, 음식의 모양과 맛이 독특한 경우 등등의 상황에서 '낯설다'라는 표현은 자주 등장한다. 취향을 설명할 때만 사용될까? 이 감정은 사람에게도 향한다. '저 사람 낯설다'라는 표현은 평소 모르는 사이라는 뜻도 있지만 태도, 생김새, 옷매무새, 말투에 대한 자기 생각을 드러낼 때도 적용된다. 그런데 이

[1] 성 소수자 관련 집회에서는 '우리가 여기 있다'는 문구의 현수막을 볼 수 있다. 성 소수자에 대한 거침없는 차별과 혐오는 어떻게 가능한 것일까? 마치 자기 앞에는 소수자가 한 명도 없을 거라는 확신이 그릇된 당당함이 되었을 테다.

는 지극히 개인 취향의 영역이니 이때의 낯섦은 철저히 주관적인 해석이다. 말하는 사람의 입장과 기준에서 구분되었을 뿐이다. '옷 입은 거 보면 평소 생활 습관을 안다'고 여기는 아무개는 옷 하나로 사람을 낯설어하겠지만, 내 입장에선 그런 상상력이 대단히 낯설 뿐이다. 비슷한 사례로는 '당신이 먹은 게 당신의 몸이다'가 있다. 어쩌란 말인가. 매력을 드러내는 게 중요하고, 그래서 다이어트가 필수가 된 세상에선 외모 강박관념에 사로잡혀 타인을 단지 외모만으로도 낯설게 보는 경향이 뚜렷해질 뿐이다.

낯섦은 공평하지 않다. 경상도에서는 표준말을 사용하는 사람에게 낯설다고 하지 않지만, 그 반대는 아니다. 대구 사람이 서울에서 살게 되면 매번 자신의 말투가 매개체가 되어 상대와 이야기를 이어 가야 한다. 사투리가 매력적이라는 호의적인 평가부터 억양이 왜 이렇게 공격적이냐, 고치는 게 어떻겠냐 하는 식으로 한 사람의 언어생활이 막무가내로 도마 위에 오른다. 사투리는 어딜 가나 평가 대상이다. 하지만 이를 지방 출신이 모두 똑같이 느끼는 건 아니다. 서울로 올라온 광주 사람들은 대구 출신들보다 사투리를 고치는 속도가 훨씬 빠르다. 말투를 낯설어하는 공기를 더 무게감 있게, 그러니까 무섭게 느꼈기 때문일 거다. 대구 사람들은 무슨 말도 안 되는 느낌이냐고 하겠지만, 그건 대구 사람이 광주 사람이 아니기 때문에 평생 느낄 수 없는 감정이다. 누군가에게, 사람들이 툭툭 내뱉는 "낯설다"라는 말은 단순한 차이에 대한 반응으로 이해되지 않고 '아, 나를 평가하고 구분하고 배제하고 있구나.'라고 받아들여지기 때문이다. 그런데 이런 상황이 정말로 낯선, 그래서 당황스럽기까지 한 자는 누구일까? 낯섦을 당당하게 드러내며 타인을 밀어내려는 사람일까, 아니면 그 낯선 눈빛들을 일방적으로 마주해야 하는 사람일까?

낯섦의 권력관계, 그게 차별이다. 흑인을 바라보는 특정한 시선은 흑인이 그저 평범한 일상을 살아가면서도 끊임없이 주변을 살피게끔 만든다. 그냥 산책을 다니면 검문을 당하기에 일부러 강아지와 함께, 그것도 이왕이면 대형견보다 소형견이 효과가 좋다는 흑인의 푸념은 일개 개인의 신세 한탄이 아니라 시선의 불공정성을 적나라하게 증명한다. 고작 밥 먹다가도 자신을 바라보는 낯선 눈빛을 의식하는 거, 그게 바로 낯섦이 권력으로 작동하는 방식이다. 장애인이 낯설다는 비장애인의 인식은 장애인이 자신을 낯설게 바라보게끔 한다. 출근 시간에 휠체어를 이용해 지하철을 타는 장애인은 자신을 낯설어하는 주변 시선 때문에 '출근하는 것도' 죄를 짓는 것 같은 낯선 감정을 느낀다. 어떤 비장애인도 그 장소와 시간에 느끼지 않는, 느낄 수 없는 감정이다.

낯섦은 누구에게나 동일한 감정이 아니다. 어떤 이는 그저 타인이 낯설 뿐이지만 다른 어떤 이는 스스로를 낯설다고, 그래서 불안하고 두렵고 수치스럽다고 느낀다. 낯섦이 야기하는 이 복잡한 감정을 나도 안다? 쉽지 않다. 공감(共感)은 타인과 감정이 같음을 뜻하는데, 백인이 흑인의 불안함을, 남성이 여성의 두려움을, 부자가 빈자의 수치심을 똑같이 느낀다는 건 불가능하다. 대표적인 차별로 인종, 성, 계층 차별이 꼽히는 건 이쪽과 저쪽 사이의 간격이 워낙 크기 때문이다.

다행인 건 그 간격이 아주 약간은 줄어드는 방향으로 시대가 변화하고 있다는 점이다. 흑인 흉내 내는 걸 개그라고 여기기도 했었지만 지금은 엄청난 비난을 받는다. 여성의 최대 행복은 출산이라고 말해도 별 문제가 없던 시절은 지났다. 가난하면 자유도 모른다는 정치인의 발언에 모두가 분노하기도 한다. 아직 멀었지만, '잘 알지도 못하면서 함부로 말하지 말라!'는 신호는 과거에 비해 강해지고 있다. 이와 비례해서 '몰랐던 것을 조금씩 알아 간다'면서 머리를 긁적거리며 자신의 차별과 혐오를 성찰하는 사람도 분명 늘었다.

하지만 전혀 변화가 감지되지 않는 차디찬 영역에서 희망도 꿈꾸지 못하고 고통에 신음하는 이들이 있다. 성 소수자들이다. 이성애자는 이성을 사랑하는 자신이 낯설 리 없다. 누구도 그걸 낯설게 바라보지 않는다. 하지만 인류 역사에서 모든 인간이 동일한 성적 지향을 가진 적은 단 한 번도 없다. 동성을 사랑하는, 양성을 사랑하는 소수가 항상 있었다. 이 사실을 낯설게 느끼는 사람들 때문에 그들은 스스로를 낯설게 여긴다. 젠장, 사랑이라는 당연한 감정도 누군가에게는 어색하다는 말이다. 이성에 대한 사랑만을 자연스럽고 당연한, 그리고 '정상적인' 감정이라고 규정한 이들에게는 존재하지 않는 낯섦이다.

생물학적 남자로 태어난 사람이 자신을 남자로 느낀다면('시스젠더'라고 한다. Cisgender의 'cis'는 라틴어로 '같은 쪽'을 뜻함) 그게 낯설 리 없겠지만, 모든 사람이 타고난 생물학적 성별대로 편안하게 살아가진 않는다. 남자지만 여자라고, 여자지만 남자라고 자신을 이해하며 어마어마한 불안 속에 살아갔던 '트랜스젠더'는 갑자기 등장한 이상한 생명체가 아니라 인류의 역사와 함께 존재했다. 이들은 끊임없이 자신이 정상에서 벗어난 건 아닌지를 의심해야 했다. 자신에게 맞지 않는 갑옷이 불편했지만, 이를 불편하다고 할 때 불편해할 게 분명한 주변 시선이 무서워 억지로 자신을 누르고 감추며 별일 아닌 것처럼 살아야 했다. 아니, 지금 살고 있다. 아파트 318동에, 지하철 2호선에, 791번 버스 안에, 2학년 5반 교실에, 서울시청 구내식당에, 코로나 검사를 받기 위해 길게 늘어진 선별진료소 대기 줄에, 성 소수자는 있다.

소변을 더 참아야 하는 사람들

미국 제44대 대통령 버락 오바마Barack Obama는 재임 시절 (2009~2017) 백악관에 '성 중립 화장실'(gender neutral restroom, all gender restroom, unisex public toilet 등으로 표기)을 설치했다. 화장실을 남녀로 구분하지 않는 신선한 시도인데, 시설이 특별한 것도 아니다. 남성 전용 소변기가 없으며, 가급적 타인과 접촉하지 않는 동선으로 설계된 공간일 뿐이다. 급하면 누구든지 '편안하게' 사용할 수 있는 게 핵심이다. 이 당연한 게 모두에게 주어진 권리가 아니었다는 말이다.

생물학적 성별에 따라 화장실을 이용하는 그 자연스러움이 누구에게는 곤욕이다. 스스로를 남자라고 여기지 않는 남자는 화장실에서 남자들을 마주하는 게 쉽지 않다. 그렇다고 여자 화장실을 이용하면 경찰서 신세다. 2010년 미국의 롱비치캘리포니아주립대학 화장실에서 트랜스젠더 학생이 폭행당한 일이 이슈가 되었다. 명백한 증오 범죄였다. 백악관의 새로운 화장실은 트랜스젠더를 차별하고 혐오하는 사회에 경종을 울리기 위한 상징적인 조치였다.

세상이 나아가는 방향도 달라졌다. 2016년 9월 29일, 캘리포니아 주지사 제리 브라운Jerry Brown은 다음 해 3월부터 관공서와 상업 빌딩에 성 중립 화장실 운영을 의무화하는 법안에 서명

했다. 독일, 스웨덴 등 세계 곳곳에서도 변화를 확인할 수 있다. 일본은 도쿄 하계올림픽을 앞두고 성 중립 화장실 설치를 적극적으로 고려하겠다고 밝혔으며, 시부야 지역의 공중화장실 재설계 프로젝트에 착수해 2022년 현재 마무리를 앞두고 있다.

논쟁도 치열했다. 캘리포니아주와는 반대로 노스캐롤라이나주는 생물학적으로 결정된 성별에 따른 화장실 사용을 의무화하는 법안을 통과시키기도 했다. 트랜스젠더의 낯섦을 사회가 신경 쓸 필요 없다는 신호이자 시스젠더의 익숙함을 그대로 유지하겠다는 의지였다. 그러자 기업들이 투자 계획을 철회하고 가수 링고 스타와 그룹 마룬파이브가 해당 주에서 예정되어 있던 콘서트를 '차별에 동의할 수 없다'며 취소했다. 영국에서는 해당 지역이 성 소수자에게 친화적이지 않다고 국민들에게 알렸고, 미국의 일부 주에서는 공무원의 노스캐롤라이나 출장을 금지시켰다. NBA(미국프로농구협회)는 노스캐롤라이나주 샬럿에서 열릴 올스타전을 다른 곳으로 변경했다. 이렇게까지 하는 이유는 하나의 메시지를 던지기 위함이다. '당신 곁에 트랜스젠더가 존재한다'는 명백한 사실 말이다.

지금까지 성별을 두 개의 성으로만 바라보고 살아온 이들은 '이게 무슨 일이냐'며 걱정하겠지만 이는 길을 걷다가 오줌 마려운 것이 두려워서 해야 할 일을 포기한 적이 없었던 사람의 푸념이다. 현대사회를 살아가는 사람이라면 누구나 거리에 나와서도 무료로든 유료로든 기본적인 생리 현상을 자연스레 해결할 수 있어야 한다. 그러지 못하면 누가 사회생활을 할 수 있겠는가. 하지만 누군가는 볼일 보는 게 두렵다. 2021년 국가인권위원회 「트랜스젠더 혐오차별 실태 조사」에 따르면 트랜스젠더 589명 중 212명, 즉 36%가 부당한 대우나 불쾌한 시선을 받을까 봐 공중화장실 이용을 포기한 적이 있다고 응답했다. 절반 이상은 괜찮다니 다행인가? 트랜스젠더가 아니면서 이성애자인 사람을 상대로 조사를 했다면 아마 0%였을 거다. 화장실 가는 게 두려운 그들은 참다가 결국 만성 방광염에 걸린다. 그러니 아예 집 밖으로 나오질 않는다. 사회생활이 위축되면 궁극적으로 삶의 질 자체가 추락해 우울증, 불안장애, 대인기피증에 시달린다.

세상의 변화를 자신에게 익숙한 해석의 틀로만 재단하면, 차별받는 사람은 늘 차별받는다. '성'을 기계처럼 탁탁 분류할 수 있다는 고정관념을 깰 때 세상은 더 평등해진다. 사람은 남성과 여성으로 구분된다? 착각이다. 남성은 여성을 사랑하고 여성은 남성을 사랑한다? 편협한 생각이다. 사람은 모두 성욕을 지녔다? 성급한 일반화다. 이런 고정관념이 모이고 모여 그동안 인류는 성 소수자들을 차별했다. 하지만 성 중립 화장실이 등장했듯, 조금씩 세상이 변화하고 있다. 그 세상에 한국도 포함되어 있는지가 의문이지만.

트랜스젠더는 애국도 못 한다?

2020년 1월 22일 오후, 서울 마포구의 군인권센터에는 수십 명의 기자들이 한 군인의 기자회견을 기다리고 있었다. 앉을 자리가 없어 복도까지 사람들로 가득 찼다. 국방부 소속이 아닌 민간 시민 단체 군인권센터가 어떤 곳인가. 성추행, 가혹행위, 갑질, 폭력, 부실 의료행위 등 발표하는 건마다 대한민국 군대의 폐쇄성을 적나라하게 드러내지 않았던가. 여기에는 일련의 공식이 있었는데 피해자, 혹은 사망한 피해자의 가족들은 사건 해결의 의지가 군대에 없음을 경험하고 센터를 찾았다는 거다. 문제를 인정하지 않으려 하고, 덮으려 하고, 책임을 개인에게 전가하며 변화하지 않겠다는 군에 실망을 했다는 말이다. 누군가가 군으로부터 찍힐 각오를 하고 대중 앞에 모습을 드러낸다는 건 기자들에겐 특종감이다. 그날도 회견 전부터 웅성웅성 묘한 기운이 흘렀다.

잠시 후 군복을 입은 여성이 좁은 통로 사이로 뚜벅뚜벅 걸으며 등장한다. 거수경례를 하는데 눈에서는 눈물이 나오기 직전이고 목소리는 떨린다. 어마어마한 긴장감을 감추지 못하고 있다. 오늘 이후 자신에게 닥칠 폭풍의 크기를 알고 있는 눈치였다. 하지만 역사의 방향을 바꿀 수도 있다는 일말의 기대감을 믿는 것도 같았다. 몇 번의 심호흡 후 입을 뗀다.

"저는 제5기 전차 조종수 하사 변희수입니다."

변희수 하사는 어릴 때부터 군인이 되는 것이 꿈이었다. 고등학교도 고향을 떠나 부사관 특성화고등학교로 진학할 정도였다. 차근차근 단계를 밟아 부사관이 되었지만, 억누르고 있었던 성 정체성에 대한 고민이 변 하사를 괴롭혔다. 남자로 태어난 변희수는 자신을 남자로 받아들이지 못했다. 그게 왜 안 되냐고 묻는 사람들이 있겠지만, 누구의 자연스러움이 누구는 아무리 노력해도 되지 않는다. 남자로 직업군인이 되어 남자 동료들과 지내는 게 변 하사에게는 큰맘 먹고 이겨 내야 하는 과정이었다. 그는 말한다. "제 마음 또한 무너져 내렸고 정신적으로 한계에 다다르기 시작하였습니다."

준비한 글을 읽으면서 변 하사는 '젠더 디스포리아'(gender dysphoria)라는 표현을 했다. 공식 석상에서 당사자가 직접 이 단어를 언급한 것은 대한민국에선 처음이었다. 그만큼 낯설다는 뜻인데, 시스젠더들이 이해할 수 없는 감정이기도 하거니와 공적인 공간에서 끄집어내면 개인이 감수해야 할 것이 상상을 초월하기에 쉽사리 언급하지 못해서이기도 하다. 젠더 디스포리아는 성별 불쾌감 정도로 해석되는데, 트랜스젠더가 느끼는 공통된 감정이다. 무지했던 시대에는 이를 질병이라고 간주했지만 이제는 아니다. 하지만 사회적 편견은 엄청나다. 그걸 드러내면서 무탈하게 살 트랜스젠더는 별로 없다. 아무리 군 복무를 잘해도 자신의 정체성과 반대되는 성별의 역할을 '연기하며' 살아가는 일은 곤욕이다. 변 하사는 우울증 증세가 심해지자, 군병원 정신과에서 상담을 받고 마음의 짐을 해결하기로 결심했다. 성별 정정 과정을 거치기로 한 것은 자신의 성 정체성에 맞는 성별로 떳떳이 살아가겠다는 결심이었으며, 동시에 스트레스 없이 군 복무를 계속하겠다는 의지였다. 변 하사는 숨기지 않았다. 소속 부대에 밝혔고 상관의 지지를 받았다. 절차에 따라 태국으로 가서 성전환 수술을 했다.

하지만 수술을 마친 뒤 변 하사의 군 생활은 종료됐다. 육군은 성기와 고환 훼손에 따른 '심신장애 3급' 판정을 내리며 변 하사에게 강제 전역을 통보한다. 차라리 트랜스젠더 군인에 대한 관련 규정이 없어서 그런 거라면 나을 뻔했다. 평생을 고민하고 어려운 선택을 한 사람에게, 이제야 심신의 안정을 찾았을 사람에게 '심신장애'라는 딱지를 붙이면서 그들은 미안한 마음이라도 느꼈을까. 과정도 일사천리였다. 국가인권위원회가 전역 심사를 연기하라면서 긴급 구제의 필요성을 전했지만, 회의 당일에 변 하사의 전역이 결정된다. 성 소수자를 고려하라는 외부의 조언 따위는 군대에 필요 없다는 투였다. 일반적인 강제 전역은 지금까지의 노고를 예우해 전역 처분일로부터 최대 3개월 정도의 여유를 준다. 마무리 잘하고 떠나라는 뜻이다. 하지만 육군은 1월 22일 오전에 결정을 내리면서 당일 24시까지 부대를 떠나라고 변 하사에게 명령한다. 트랜스젠더는 군에 하루도 있어서는 안 된다고 천명한 셈이다. 그날 오후에 변 하사는 세상 앞에 자신을 드러냈고, 당일만 관련 기사가 200건이 넘었다. 22세 청년이 핵폭탄을 던진 셈이다. 하지만 내용은 아주 소박했다.

"군에서 저를 포함해 모든 성 소수자 군인들이 차별받지 않는 환경에서 각자 임무와 사명을 수행할 수 있었으면 합니다. 제가 그 훌륭한 선례로 남고 싶습니다. 저는 비록 미약한 한 개인이겠으나 힘을 보태어 이 변화에 보탬이 되었으면 좋겠습니다. 수술을 하고 계속 복무를 하겠느냐, 부대 재배치를 원하느냐는 군단장님의 질문에 저는 최전방에 남아 나라를 지키는 군인으로 계속 남고 싶다는 답을 하였습니다. 저의 성별 정체성을 떠나 제가 이 나라를 지키는 훌륭한 군인 중 하나가 될 수 있다는 것을 모두에게 보여 주고 싶습니다. 저에게 그 기회를 주십시오. 저는 대한민국 군인입니다. 감사합니다."

2021년 기준, 세계 24개 국가[¶]에서 트랜스젠더의 군 복무를 허용하고 있다. 미국은 오바마 대통령 시기에 트랜스젠더의 군 복무가 처음으로 보장되었지만 트럼프 대통령은 금지시켰고

[¶] 오스트레일리아, 뉴질랜드, 오스트리아, 벨기에, 덴마크, 에스토니아, 체코, 핀란드, 프랑스, 독일, 이스라엘, 네덜란드, 노르웨이, 스페인, 스웨덴, 영국, 아일랜드, 볼리비아, 브라질, 캐나다, 칠레, 미국, 태국(제한적), 쿠바(제한적).

바이든 대통령은 다시 허용하는 등 정권의 성향에 따라 정책도 달라지고 있다. 과도기지만 뜨거운 이슈임은 분명하다. 2016년 6월 30일, 당시 미국 국방부 장관 애슈턴 카터Ashton Carter는 '군대 내 트랜스젠더 금지령'을 없앤다는 담화문을 발표하면서 이유를 이렇게 말했다. "그것은 옳은 일이기 때문입니다. 가장 능력 있는 사람들을 채용하는 것은 세계에서 가장 강력한 군대를 만드는 길입니다."

논란이 없겠냐만 함의는 분명하다. 단순히 남자 구역, 여자 구역만으로 모든 사람이 쉽사리 나눠지지 않는다는 것이다. 트랜스젠더는 인류 공동체 안에 늘 존재했다. 자신의 정체성을 자연스레 드러내지 않았을 뿐이다. 이들은 그저 다른 사람들과 똑같이 일상을 살아가고자 한다. 숙제는 이런 일에 익숙하지 않은 사람에게 있다. 그저 과거처럼 정상과 비정상으로 사람을 구분 지으면서 차별과 혐오를 당연시한다면, 그들은 다시 숨게 된다.

변희수 하사가 쏘아 올린 화살은 한국 사회를 흔들었다. 2021년 10월 7일, 변희수 하사는 육군참모총장을 상대로 제기한 전역처분 취소 행정소송에서 승소한다. 대전지방법원에서 강제 전역처분 조치가 부당하다는 판결을 내린 것이다. 이유는 간단했다. 원고는 이미 성별 정정을 법적으로 허가받은 여성인데, 왜 여성에게 남성의 성기가 없다면서 심신장애 운운하느냐는 거였다. 물론 재판부의 판결로 트랜스젠더의 군 복무가 허용되는 건 아니지만, 군 규정상 결격 사유인 '심신장애'라는 잣대가 사람은 양성으로 구분될 뿐이라는 편협한 시선을 전제하고 있음을 분명히 알렸다. 이 판결은 민주사회를위한변호사모임과 경향신문이 선정한 2021년 최고의 디딤돌 판결로 선정되었다. 사회가 더 나은 곳으로 갈 수 있는 훌륭한 이정표가 생겼다는 것인데, 변 하사는 기뻐하지 못했다. 2021년 3월 3일, 사망했기 때문이다.

변 하사는 2020년 2월, 군에 인사소청을 제기하면서 강제전역 조치를 재고해 달라고 했지만 군은 처분이 위법하지 않다며 기각했다. 행정소송은 그 이후에 진행했다. 끝까지 군을 믿어보려 했던 거다. 하지만 군은 '남성 성기가 없는 건 장애이며, 성기 재건 수술은 고의로 신체를 훼손한 자해'라는 입장으로 재판에 임했다. 군이 변 하사를 극단적 선택으로 몰아가지 않았다고 할 수 있겠는가. 심지어 죽음이 알려진 다음, 군은 "민간인 사망 소식에 따로 군의 입장을 낼 것은 없다"며 끝까지 변희수 하사를 외면하겠다는 입장을 굽히지 않았다.

다행인 것은 전역 취소가 부당하다는 재판 결과에 대해 법무부는 항소를 하지 않기로 했고, 성 소수자의 군 복무에 대한 연구도 진행할 예정이라고 직접 말했다는 점이다. 존재를 죽음으로 증명한 변희수 하사를 추모하는 사회적 분위기가 없었다면 이 정도의 변화도 어려웠을 거다.

성 소수자는 늘 곁에 존재한다

그리스신화에 등장하는 '헤르마프로디토스'(Hermaphroditus)는 남성과 여성의 생물학적 특징을 모두 갖춘 신이다. 프랑스 루브르박물관의 〈잠자는 헤르마프로디토스〉 조각상 앞은 늘 사람들로 가득하다. 인간 사회의 모습을 투사한 신화에 여성의 가슴과 남성의 성기가 동시에 존재하는 신이 등장한다는 건 남성도 여성도 아닌, 이른바 '간성'(intersex)으로 태어나는 사람이 아주 오래전부터 있었음을 뜻한다. 간성은 '남성-여성'이라는 전형적인 이분법에 딱 들어맞지 않는 제3의 성을 말한다. 두 성별의 특징을 모두 가지는 경우부터 그 중간적 성질과 형태를 띠는 경우까지 종류가 다양하다.

누가 싫어하든 말든, 차별하든 말든 간성 상태의 사람은 늘 존재했다. 『세조실록』에 등장하는 사방지舍方知라는 인물도 남녀의 성기를 모두 지닌 간성이었다. 최근에는 벨기에의 유명 모델안 가비 오딜Hanne Gaby Odiele이 어릴 때 몸속의 남성 성기를 제거하는 수술을 받았다고 밝힌 바 있다. 남성과 여성은 염색체와호르몬의 분리·분배를 통해 결정된다. 하지만 이 과정은 사람마다 다를 수 있다. 소금 몇 스푼 넣고 오븐 몇 분 작동시켜 음식이만들어지듯 인간이 세상에 등장하진 않는다. 수정 이후 태아가분화해 가는 과정에서 여러 요인으로 인해 '남성이면서 여성인 사람' 혹은 '남성도 여성도 아닌 사람'이 태어난다. 지금까지 사회는 이들을 어떻게 대했을까? 의학 기술이 발달한 이후, 이들은 본인의 의사와 상관없이 수술대에 올라야 했다. 어떤 성별의 특성을 더 지녔다는 의사의 판단과 아이의 미래를 위한다는 부모의 선택만으로 말이다. 일방적으로 남성 아니면 여성이 되어 살아가야만 했다.

하지만 인류는 조금씩 변화를 추구했다. 간성 자체를 '수술이 필요한 비정상'이 아니라 여러 정상적 상태 가운데 하나로 봐야 한다고 여기기 시작했다. 그래서 자녀가 청소년기를 지낼 때까지 부모가 섣부르게 성별 선택을 강제하지 말라는 관련 법 조항을 만든 나라도 있다. 나중에 본인이 알아서 결정할 문제라는 의미다. 출생신고서나 운전면허증에 남자, 여자만이 아닌 '제3의 성'을 표기하는 경우도 마찬가지다. 2021년 10월 27일, 미국에서는 성별란에 'X'를 표기한 첫 번째 여권이 발급되었다. 이 조치로 혜택을 보는 미국인이 약 400만 명이다. 40명이 아니라 400만 명이 간성을 포함한 논바이너리(non-binary) 상태로 스스로를 인식하고 있다는 거다. 논바이너리는 '두 조각으로'(binary) 사람의 성을 규정할 수 없음을 뜻한다. 세상이 말세여서가 아니라, 오랫동안 성을 남녀로만 바라본 고정관념이 깨지고 있기에 가능한 인식이다. 성별 범위가 넓어질수록 인권을 존중받는 사람은 늘어 간다. 이미 오스트레일리아, 뉴질랜드, 독일, 캐나다,

네팔 등에서 미국보다 앞서 'X' 성별 표시를 허용하고 있다. 생물학적 남성, 혹은 여성 가운데 하나로 태어나 해당 성별에 맞는 정체성을 갖고 이성을 사랑하는 마음을 지닌 사람만으로 인류 공동체를 설명할 수 없다는 패러다임이 서서히 커지고 있다는 거다.

느리지만 그래도 세상은 변하고 있고 한국도 고정관념을 깨고 있다. 트랜스젠더가 수술을 거쳐 법적 성별을 변경할 때는 제출 서류도 많고 절차가 매우 복잡하다. 그중 가장 문제가 된 '성별 정정 부모 동의서' 요구가 2019년에 폐지됐다. 자신의 성별을 결정할 때 부모의 허락이 필요하다는 건, 인간의 자기결정권을 침해하는 일이기 때문이다. 꼭 수술을 받아야 성별을 바꿀 수 있느냐는 물음도 나온다. 독일 연방헌법재판소는 '성전환 수술을 해야 성별 정정을 허락하는 조항은 위헌'이라는 판결을 2011년에 내렸다. 이 같은 엄격한 요건은 신체를 훼손당하지 않을 권리를 침해하며, 나아가 인격권을 지나치게 제약하는 결과를 가져오기 때문이다.

성 소수자는 항상 있었다. LGBT(Lesbian, Gay, Bisexual, Transgender)라는 말이 한국의 신문지상에 등장한 게 2003년이다. 최근에는 Asexual(무성애자, 다른 사람에게 성적으로 이끌리지 않는 사람), Intersex(간성), Questioning(성적 지향 및 정체성을 찾는 중인 사람), Pansexual(범성애자, 성별과 관계없이 '사람'을 사랑하는 지향성을 지닌 사람으로 양성애자보다 넓은 개념)을 포함해 LGBTAIQP라고 한다. 세상에 별사람이 다 있다는 시선으로 볼 일이 아니다. 이들은 늘 존재해 왔다. 다만 종교와 전통을 들먹이며 평범한 사람에게 죄니 질환이니 딱지를 붙이고 싶어 하는 뿌리 깊은 차별과 혐오의 벽 속에 짓눌려 있었을 뿐이다. 보편적 인권은 보편이라는 울타리 안에 소수가 계속 포함되면서 확장해 나갈 때 완성된다. 그리고 지금 상태로 충분치 않다는, 여전히 완성되지 않았다는 의심이 있어야 그 크기가 커질 수 있다.

문제는 그 의심이 '그르게' 등장한다는 거다. 한국에선 의심을 인권의 사각지대를 찾는 데 사용하지 않고 반대로 적용한다. 그래서 조금씩이나마 보편적 인권이 확장되는 현상을 어떻게든 왜곡한다. 한 예를 보자. 2022년 3월 16일, 성공회대학교는 국내 대학 중 처음으로 '모두의 화장실'(REST ROOM FOR ALL)을 설치했다. 말 그대로 성별, 성 정체성, 장애 유무, 가족 동반 여부 등을 따지지 않고 누구든지 사용할 수 있도록 설계된 화장실이다. 누군가는 화장실을 자연스럽게 이용하지 못할 수 있다는 의심으로부터 시작된 제안이 갈등과 설득을 거쳐 결과물로 나올 때까지 5년이나 걸렸다. 긍정적인 변화의 신호탄이길 간절히 소망하지만, 차별을 없애자는 새로운 시도는 언제나 '대중의 의구심'이라는 높은 문턱에 덜컥거린다. 소수자의 인권 문제를 이야기해 보자는데 성별 질서가 무너진다는 식으로 뭉개 버리는 사람은 여전했고, 왜 몇 안 되는 성 소수자 때문에 다수가 불편을 겪어야 하냐는 편협한 시각도 굳건했다.

한 곳이다. 대학 캠퍼스 안의 수십 개 화장실 중 한 개가 '모두가 이용 가능한' 화장실이 되었을 뿐이다. 대단한 변경도 아니고, 일반적인 화장실의 공용 공간을 없애서 내부로 들어오는 순간부터 누구와도 마주치지 않고 혼자 화장실을 이용하는 형태일 뿐이다. 쉽게 말해 '커다란 1인 화장실' 안에 세면대도, 기저귀 교환대도, 장애인을 위한 시설도 있다는 말이다. 그런데 이걸 마치 성 소수자만 사용한다는 뜻으로 받아들여 '성별 구분에 따른 화장실 이용'이 편리했던 사람들이 방해를 받는 것처럼 의심한다.

어떤 방해도 없다. 화장실 가고 싶을 때 거리낌 없이 화장실에 갈 수 있던 사람이라면, 평소와 다름없다. 원래보다 불편해진 경우는 없고, 이래저래 타인의 시선에서 벗어나 원래의 불편함을 조금이나마 덜어 낸 소수가 생겼을 뿐이다. 이 변화를 격려해서 확장시켜 나감이 마땅하지, 기울어진 기본값의 수정을 혼란으로만 여겨서야 되겠는가.

故 변희수, 故 이은용, 그리고…

〈우리는 농담이 (아니) 야〉라는 연극은 새로운 퀴어 정치학을 보여 준 놀라운 발견이라는 평가를 받으며 한국연극평론가협회의 '2020 올해의 연극 베스트3'에 선정된 수작이다. 극을 쓴 이은용 작가는 시상식에 참석해서 "생존하는 트랜스젠더 작가로서 이 작품을 할 수 있어 영광"이라고 수상 소감을 말했고, 두 달 뒤 세상을 떠났다. 연극은 제57회 백상예술대상 백상연극상에도 선정되었는데 구자혜 연출가는 "어떤 사람의 삶과 선택 이야기는 누군가의 승인이 필요 없다"는 수상 소감으로 고인을 추모했다.

생존하는, 이라는 표현이 낯설게 느껴지는가. 누군가에겐 하루하루의 일상이자 절박한 문제였을 거다. 보이지 않는 사람으로 취급당하며 살아간다는 것에 대한 두려움은 결코 모두가 공유하는 감정일 리 없다. 죽어야만 존재가 겨우 드러나니 차별도 이런 차별이 있겠는가. 2021년 성 소수자 인권

단체 '다움'(다양성을 향한 지속가능한 움직임)의 설문조사에 따르면 성 소수자 청년 절반이 우울 증상이 있고, 열 명 중 네 명 (41.5%)이 극단적 선택을 진지하게 고민한 경험이 있다. 이를 자살생각률이라 하는데, 전체 청년 대상의 결과가 2.74%였으니 차이가 크다. 성 소수자는 태어나면서부터 '사는 게 힘든' 기질이라도 있었던 것일까? 아닐 거다. '그렇게 태어난 사람'을 바라보는 사회가 문제임이 분명하다. 변희수 하사의 사례는 빙산의 일각에 불과하다. "안타까운데, 그래도 트랜스젠더는 어쩌고저쩌고"라고 말하는 사람들이 여전히 존재하는 한 안타까운 사연은 끝나지 않을 것이다.

"'난 얘가 싫어.'라는
찰나의 생각으로
5초 만에 쓴 댓글을 보고
나는 5시간, 5일 동안 생각을 한다.
그럴 가치가 없는 건데
하나하나 신경을 썼다."²

— 그룹 방탄소년단의 리더 RM 김남준

두 번째 민낯,

심장이 찢어져도 별수 없다

— 말이 칼이 될 때¶, 故 최진리 —

불공정한 창과 방패

고정관념을 비판하는 글을 쓰는 나는, 필연적으로 그게 왜 고정관념인지를 따져 묻는 사람을 직간접적으로 마주할 수밖에 없다. 저자와의 만남 같은 훈훈한 자리에서 질문이 공격적으로 등장하면 분위기가 순간 묘해진다. '그런 자리가 아닌데, 작가 곤란하게 왜 저러나' 하는 눈빛이 여기저기서 보인다. 나를 걱정해서겠지만, 난 전혀 이상하지 않다. 상대는 물을 권리가 있고, 나는 계속 듣고 설득할 의무가 있다. 권리와 의무라는 표현이

¶　　　　홍성수 교수의 책 제목이다. 혐오는 단어의 어감부터가 무겁다. 그래서 혐오는 사람을 날카로운 창으로 마구 찌르는 것처럼 느껴진다. 이 투박함은 대부분의 사람에게 자신은 '가해'와 무관하다는 확신을 준다. 그럴 리가 있겠는가.

적절한지 모르겠지만, 작가가 글을 논리적으로 쓰기 위해 노력하고 독자는 의문을 표하는 걸 두려워하지 말아야 사회에 좋은 여론이 흐르지 않겠는가. 이 생각 저 생각이 겹쳐지고, 그 과정에서 다른 생각이 튀어나오고, 그게 또 섞이다가 합의가 절충되면 비교적 상식에 가까워졌다 할 수 있을 테다. 이 거창한 이야기는 매우 간단한 전제로부터 출발한다. 토론이 창과 방패의 대결이라 할지라도 서로 선을 지키는 거다. 룰을 지키며 공격하고 방어하면 된다. 공동체 시민들 사이의 암묵적 약속 같은 거라고 해야 할까. 시민 정신이 무엇인지는 제각기 뜻이 다르겠지만, '누구에게나 인간의 존엄성이 있다'는 것에 동의한다면 누구도 이 선을 넘지 않아야 할 것이다.

그렇지 않을 때가 너무 많다. 그러지 않는 사람들이 너무 많다. 누구나 존엄해야 한다고 다들 말은 하는데, 누구나 존엄한 대우를 받는지는 모르겠다. 난민, 이주 노동자 관련 기사에 어떤 댓글이 달리는가? 노동자의 파업을 바라보는 시선은 인간적인가? 차마 의견이라고 할 수 없는 단어들을 나열하며 상대의 인격을 말살하는 경우는 흔하디흔하다. 자기 생각과 일치하는 정보만을 받아들이는 확증 편향에 사로잡힌 이들이 집단을 형성하여 도를 넘어도 된다면서 군중심리를 자극하면 창은, 사람 죽이는 진짜 창이 된다.

그런 창은 우리네 삶 곳곳에 있다. 가난한 아무개가 술에 취해 비틀거리면, '저렇게 게으르니까 가난하지.'라고 생각하는 사람들은 부지기수다. 하지만 술에 취한 모두에게 '게으르다'고 쉽게 말하지는 않는다. 이미 '사람이 가난한 데에는 다 이유가 있다'는 식의 고정관념이 존재하기에 가능한 편향적인 해석이다. 아울러 가난의 결과일 수 있는 지점을 단호하게 원인으로 규정하기에 비합리적인 편견이다. 괴로워서 술을 마시는지, 술 마셔서 괴로워졌는지를 엄격하게 따지자는 게 아니라 '가난한 사람'이 그 대상일 때만 지나치게 빨리 게으르다고 확신한다는 게 공평하지 않다는 말이다.

한때의 착각이면 괜찮다. 상식적인 세계는 틀린 생각을 고칠 기회를 개인에게 자연스레 제공한다. 우물 안 개구리 시절은 누구에게나 있는 것이니 우물 밖을 경험하며 견문을 넓히면 될 일이다. 문제는 우물의 깊이가 사회적으로 만들어진다는 데 있다. "어릴 땐 자기 눈에 보이는 것이 세상의 전부인 줄 알았는데 이젠 아니다."라는 흔한 성찰에는 성장하면서 자신과 다른 계층을 자주 접할 수 있다는, 즉 사회의 계층 간 교류 및 이동이 활발하다는 전제가 필요하다. 아니라면? 편견은 끊임없이 확신이 되어 누구를 공격할 이유가 된다.

부모가 의사인 아무개가 서울대학교에 입학을 했다. 동기들의 부모 직업도 의사, 변호사, 기업 임원 등등이다. 이런 환경에서는 아무리 토론을 해 본들 자신의 시야 너머를 제대로 알 수 없다. 대화를 하면 할수록 원래의 생각이 확고해질 뿐이다. 학구열로 유명하다는 특정 동네에서 자라고, 어릴 때부터 계획적인 사교육을 받고, 해외여행 경험이 낯설지 않은 등 살아온 궤적이 비슷한 사람들끼리 모였으니 당연한 거 아니겠는가.

이처럼 한국에서 성공하기 위해서는 우물을 더 깊이 파야 한다. 그래서 어느 시점에 이르면 내부의 담벼락이 너무 높아 외부 세계를 제대로 본다는 것은 불가능해진다. 엘리트는 많은 것을 결정하고 다수에게 영향을 끼치는 사람들인데, 그 엘리트의 세상 보는 눈이 편협하면 무슨 일이 벌어지겠는가. 의사는 사례일 뿐이고, 핵심은 '같은 생각을 오랫동안 지닌 집단'이 견고해질 때의 위험성이다. 이들이 휘두르는 창은, 공정한 창이 아니다. 게다가 본인들은 매우 공정하다고 여기기에 누가 창에 찔린들 관심이 없다. 이게 엘리트만 해당하는가. 통하는 게 많아 끼리끼리 결집하며, 독선으로 무장한 집단은 무수하다.

그런데 방패가 튼튼하다면 부당한 창이 사람을 찌르지 못할 거다. 방패는 편협하고 독단적인 생각이 사회를 관통하며 자유자재로 날뛰는 것을 막아 준다. 인문학이 중요하고 사회 비판이 필요한 이유다. 기자가 권력의 실체를 드러내기 위해 고군분투하고, 정치인이 약자에게 손 내미는 걸 마다하지 않고, 작가가 불평등의 민낯을 까발리기 위해 욕먹어 가며 집필에 매진하고, 법조인이 돈의 크기에 따라 법을 불평등하게 활용하지 않고, 활동가들이 힘들어도 계속 부당함을 외쳤기에 방패는 커졌고 또 견고해졌다. 이들에게 왜 그렇게 고생하면서 사느냐고 물으면 이렇게 대답할 거다. "잘못된 게 눈에 보이는데 외면할 수 없잖아요." 관심에 비례해서 보호받는 이들도 많아졌다.

보이면, 사람은 어떻게든 움직인다. 하지만 어떤 곳은 잘 보이지 않는다. 분명 치졸한 창이 사람을 끊임없이 찌르고 있어도 그게 인터넷 안이라면 목격자들은 무덤덤해진다. 관심을 가져 봤자 무용지물이라며 고개를 돌린다. 게다가 인터넷 세상은 워낙 방대하기에 어떤 폭력적인 현상이 사회적 관심사로 단번에 떠오르기가 쉽지 않다. 그 결과 자정 효과도, 제재도 없으니 창끝에 독을 바른 이들은 가장 약한 방패를 들고 있는 목표물을 찾는다. 빈약하고 허술한 아무개가 발견되면 서로에게 좌표를 알려 융단폭격을 가한다. 일말의 부끄러움도 없이. 왜? 자신들이 정의롭다고 여기기에. 도덕적이라고 믿기에. 그래서 저 인간은 욕먹어도 싸기에.

연예 기사의 댓글은 왜 사라졌을까?

인터넷 여론의 문제점은 하루 이틀의 일이 아니었고 이것저것 해결책을 찾으려는 노력도 부단했다. 이용자들이 익명성에 기대지 못하게끔 하면 되지 않느냐는 대응 방안이 논의되어

2006년부터 시행되었지만, 인터넷 실명제는 2012년에 위헌 결정을 받았다. 부작용을 해결하려다가 인터넷이 존재하는 이유가 사라질 수 있다는 우려 때문이었다. 하지만 악성 댓글에 시달리는 연예인들이 잇따라 고통을 호소하고 일부는 극단적인 선택을 하는 등 비극은 끝없이 되풀이되었다. 그러자 포털 사이트 다음(Daum)은 새로운 방법으로 2019년 10월 31일부터 연예 뉴스의 댓글 창 기능을 삭제했다. 익명성 뒤에 숨어 죽음의 화살을 날리며 키득거리는 이들의 진입 자체를 봉쇄한 셈이다.

그해 12월 23일부터는 인물 관련 검색어를 없앴다. 댓글에 등장한 허위 사실은 참, 거짓 여부와 상관없이 순식간에 캡처되어 퍼져 나가고, 사람들은 궁금해서 검색을 한다. 연예인 ○○○ 이름을 입력하는 도중에 ○○○ 폭력, ○○○ 불륜, ○○○ 비디오 따위의 연관어가 자동으로 등장하지 않았던가. 이 끔찍한 악순환의 빌어먹을 선순환을 약간이라도 제어하기 위한 결단이었던 거다. 그게 알고리즘이든 무엇이든 대중의 그릇된 호기심을 디지털 문명이란 이름으로 활성화시킬 필요가 없다는 신호였고, 호응이 좋았다. 이젠 스포츠 관련 기사에서도 자신의 의견을 밝힐 수 없다. '악플'로 쉽게 변질되곤 했던 사람들의 반응이란 것도 기사를 읽는 불특정 다수의 이용자에게 곧바로 노출될 일은 사라졌다. 유명인들이 자신의 기사를 찾아보고 충격에 빠지는 정도도 약간은 줄었을 거다. 표현의 자유를 실천하고 싶으면 자기 블로그나 SNS 계정에서 해야 한다. 아니, 하면 된다. '해야한다'는 표현은 뭔가 아쉬움을 담고 있으니 말이다.

2020년 3월 19일부터 포털 사이트 네이버(Naver)의 뉴스 댓글 운영 방식도 달라졌다. 전체 닉네임이 노출되고, 지금까지 단 댓글의 이력이 공개된다. 기사 내용과 상관없이 혐오 표현만 일삼는 악성 네티즌을 가려내겠다는 취지로, 책임질 글만 쓰라는 뜻이다. 이후 2주간의 악성 댓글 수가 하루 평균 1,000여 건으로, 그전 2주간(하루 평균 3,400건)보다 대폭 감소했으니 언뜻 봐서는 효과가 크다. 댓글 규제 조치들이 장기적으로도 좋은 효능을 발휘하는지는 따져 봐야겠지만 인간의 존엄성을 폄훼하는 건수 자체를 어떻게든 줄였다는 효과는 분명하다. 여기까지 오는 데도 오랜 시간이 걸렸고 갈 길이 멀다.

수많은 연예인이 죽음으로 댓글의 부작용을 증명할 때마다 악플에 대한 사회적 관심은 커졌지만 개의치 않는 악플러들은 여전히 많다. 2019년, 가수 설리의 사망 소식에 여러 외신에서 잇따라 쏟아 낸 기사를 보자. 오죽했으면 미국 대중음악 매체 빌보드지는 "케이팝 스타, 특히 여성은 비난받을 위험을 감수하지 않으면 자유롭게 표현할 수 없다"[3]고 하고, 영국의 한 매체에서 "인터넷 악플이 심각하게 받아들여지기 전까지 얼마나 많은 유명인이 죽어야 하는가"(How many more celebrities have to die before trolling is taken seriously?)라는 제목의 기사로 한국을 조명했을까.[4] 악플 때문에 힘들어하는 연예인을 다룬 기사에도 '돈도 많으면서 별 희한한 고민이네', '이 정도도 감당 못 하고 연예인 하냐'는 등의 댓글이 달릴 정도니 말 다 했다.

댓글 창이 사라지고 있는 이유는 현재의 댓글 생태계가 전혀 공론의 기능을 하지 못하기 때문이다. 우리나라보다 표현의 자유에 훨씬 관대한 나라들조차 뉴스 댓글 기능에는 굉장히 엄격하다. 미국의 일간지 《뉴욕타임스》는 전체 기사의 10%에 댓글 기능이 있지만, 이조차도 기사 게재 후 24시간만 운영한다. 미국의 CNN, 시카고 선타임스, 공영 라디오 방송사 NPR, 영국의 BBC, 로이터 등에는 댓글 창이 아예 없다. 답답한 사람이 '독자 의견' 게시판에 글을 올려야 한다. 영국의 가디언에서는 원래 제한 없이 댓글 란을 운영했지만, 댓글의 상당수가 여성과 흑인에 대한 혐오적 표현이었기 때문에 이민·인종·이슬람 등 민감한 주제의 기사에서는 선별적으로 이를 없앴다. 표현의 자유가 필요한 이유를 전혀 찾아볼 수 없었다는 말이다. 자유가 커질수록 차별도 커지는 게 어찌 좋은 사회이겠는가.

표현의 자유를 허용하는 건 양질의 여론을 형성하는 데 다양한 의견이 필수이기 때문이다. 프랑스 철학자 볼테르Voltaire의 사상을 집약적으로 잘 보여 주는 유명한 구절 "나는 당신의 의견에 동의하지 않지만, 당신이 그 의견 때문에 박해받는다면 나는 함께 싸울 것"(사실 이 말은 볼테르가 직접 남긴 말은 아니고, 영국 작가 이블린 비어트리스 홀Evelyn Beatrice Hall이 자신의 저서에서 볼테르의 사상을 요약한 표현이다)에서 알 수 있듯, 좋은 사회는 '여러' 의견이 일단 많아야 가능하다. 영국의 철학자 존 스튜어트 밀John Stuart Mill은 『자유론』(1859)에서 다음과 같은 말을 했다. "설령 잘못된 것이라 하더라도, 그 의견을 억압하는 것은 틀린 의견과 옳은 의견을 대비시킴으로써 진리를 더 생생하고 명확하게 드러낼 수 있는 대단히 소중한 기회를 놓치는 결과를 낳는다." 모두가 똑같은 생각을 하는 사회에서는 발전을 기대할 수 없다. 토론을 거쳐 여러 의견을 숙성해 완성시키는 기회가 풍부한 사회일수록 구성원들 사이의 합의는 생동감을 얻게 된다.

여기에는 큰 전제가 있는데, 서로 얼굴을 마주 보고 이야기를 해야 한다는 거다. 수준별 반 편성, 그러니까 어감부터가 차별적인 '우(수)열(등)반' 시행에 대해 토론한다고 치자. 이때, 모두가 최상의 결과를 낼 수 있는 상황을 다각도로 생각하자는 식의 의견이야 얼마든지 자유다. 하지만 공부 결과는 자기 책임이라는 정도의 수위를 넘어 '열등한 인간 때문에 누군가 피해를 본다', '언젠가 도태될 인간을 왜 신경쓰냐' 등의 말은 대면 토론회에선 큰일 날 소리다. 어떤 사회자라도 '인신공격은 삼가라'고 주의를 줄 거다.

그런데 이보다 백배, 천배 더 저열하고 천박하고 경박하고 쌍스러운 표현을 인터넷에서는 해도 된다. 큰일도 안 나니, 그 공간에선 이견(異見) 수준을 넘어 망상과 착각이 범람한다. 인간을 너덜너덜하게 만들어 버리는 망측스러운 단어가 나열되고 조작된 사진이 여기저기 퍼진다. 부적절함에 대해 항의하면 선비 납셨다고 조롱받을 뿐이다. 여기서의 의견을 어찌 공론이라 하겠는가.

욕을 해도 될 만한 사건도 존재한다지만, 그 경우에도 공격적인 감정 표출은 별로 순기능이 없다. 예를 들어 극악무도한 범죄를 저지른 사람의 신상이 공개된 기사에는 천인공노할 범죄자를 비난하는 댓글이 가득하다. 그게 피해자를 위로하는 한 조각이라도 된다면, 충분히 '공분'에 가까운 거라고 할 수 있다. 밑도 끝도 없이 엄벌만 부르짖는 건 비상식적이지만, 양형 기준에 대한 고민을 던질 수 있다면 어느 정도는 사회적인 기능을 하는 셈이다. 하지만 그렇게 끝나던가? 사람의 얼굴을 보고 변태라 하고, 몸매를 보고 돼지라 하고, 출신이 전라도면 전라도를 경상도면 경상도를 비하하고, 대학 이름만으로도 지방대가 어쩌고 하면서 추임새를 넣는다. 평소에 지닌 편견을 범죄자에게 투사하고 있을 뿐이다.

내가 종종 강조하는 게 있다. 표현의 자유는 '강자에게 말하는 약자의 자유'다. 한(恨)을 응축시켜 다양한 표현 방식으로 강자에게 알리는 일은 구조적 차별의 부당함을 폭로하고, 약자에 대한 사회적 편견을 줄여 나가는 효과가 있다. 미국의 흑인 코미디언들은 백인을 소재 삼아 인종차별의 부당함을 표현한다. 반대라면? 백인이 표현의 자유랍시고 흑인을 웃음거리로 삼는 일이 아무렇지도 않게 된다면, 그 사회에선 인종에 대한 편견이 더 커질 뿐이다.

2019년 자료에 따르면 우리나라 포털 사이트 뉴스에는 하루 평균 86만 개의 댓글이 달린다. 그리고 1년에 1만 9,388건의 사이버명예훼손죄 및 모욕죄가 발생한다(2020년). 2014년의 8,880건보다 두 배 이상 증가했다. 신고가 있어야 수사가 이뤄지는 형태라서 집계되지 않은 실제 사례도 상당할 것이다. 댓글이 많을수록 웃는 사람도 많아졌다면 왜 뜬금없이 댓글을 폐지했겠는가. 댓글로 인한 폐해는 이미 간과할 만한 수준을 훌쩍 뛰어넘었다. 우리는 누가 시시덕거리며 댓글을 달 때, 다른 누군가가 천천히 죽어 가고 있음을 이제야 반성하고 있다.

故 최진리(1994. 3. 29. ~ 2019. 10. 14.)

"바깥에서는 밝은 척하지만, 인간 최진리의 속은 어둡다."

배우 설리가 스물다섯의 나이로 생을 마감하기 전 출연한 방송에서 했던 말이다. 악플과 루머가 힘겨워 연예계 활동을 잠시 중단하기도 했던 설리가 진행자로 참여한 프로그램의 이름은 공교롭게도 〈악플의 밤〉이었다. 당당하게 살려고 노력하지만 이미 내면의 근육이 무너지고 있다는 양면적인 상황을 토크쇼에서 밝힌 건, 더 이상 스스로를 지키기가 힘들다는 신호였을지도 모른다.

그러나 '네티즌', '누리꾼'이라는 모호한 집단 속에 자신을 감춘 이들은 설리가 SNS에 사진을 올릴 때마다 '관종이냐'면서 악플을 달았다. 사진 하나하나에 어떤 뜻이냐면서 해명을 요구했다. 당사자는 더러워서 똥을 피할 뿐이지만, 똥은 스스로를 똥인지 알 턱이 없다. 시간이 누적되니 설리의 일상 사진은 '별짓'으로 둔갑하고, 남긴 글은 '겉멋'으로 포장됐다. 잘못한 게 없는 설리는 하던 대로 계속 살았다. 그러니 사람들은 뻔뻔하다면서 수군거렸고, 염치도 없다면서 빈정거렸다. 어찌 되었든 원인 제공을 한 거 아니냐면서 또 욕을 했다.

불씨는 설리가 아니라 그를 바라보는 사람들이 만들었다. 설리는 연애를 했고, 이를 공개했다. 설리는 애정 표현을 숨기지 않았다. 설리는 브래지어를 차지 않았을 뿐인데 그게 자랑이냐면서 다른 이들이 따졌다. 설리는 낙태죄 헌법불합치결정 소식에 기뻐했으며, 'GIRLS SUPPORTING GIRLS'(여자는 여자가 돕는다)라는 문구가 적힌 티셔츠를 입었다. 방송에서 "칭찬도 외모 평가다. 외모에 관해선 스스로가 발견한 것만 말할 수 있다."라고 이야기했다.[5] 그런데, 아니 그래서 가혹한 비판의 대상이 됐다.

"'별난 사람'이라고 낙인찍히는 것보다 순종이라는 오명에 무릎 꿇는 것을 더 두려워하라." 설리가 SNS에서 인용한 IBM 전(前) 회장 토머스 왓슨Thomas Watson의 말이다. 설리는 무례한 간섭꾼들이 하라는 대로 살지 않았다. 그릇된 신호에 반응하지 않았다. 자신을 감추지 않았다. 이제야 사람들은 그것이 '여성을 바라보는 너희의 그릇된 태도'에 굴복하지 않겠다는 뜻이었음을 안다. 스스로에게 당당하고 싶다는 부르짖음이라는 걸 뒤늦게 깨닫는다. 누구는 연예인은 돈도 많은데 힘없는 대중에게 가끔 욕먹는 일이 큰 문제냐고 한다. 돈이 방패가 될 때나 가능한 이야기다. 그 인간이 곁에 오는 걸 차단하고, 설사 문제가 발생해도 변호사를 고용해서 한 사람 응징하는 거야 돈만 있다면 얼마든지 가능하다. 하지만 우주보다 더 넓을지도 모르는 사이버 세상을 상대하는 건 만만치 않다. 적이 너무 많다. 적이 선명하게 구분되지도 않는다.

그는 죽고 나서도 관심의 대상이었다. 119 구조대가 작성한 '사망 보고서'가 인터넷으로 순식간에 퍼진 것이다. 사진 찍은 사람도 잘못이지만, 이 보고서가 사람들의 해괴망측한 관심으로 여기저기 공유됐다는 사실이 참으로 슬프다. 죽음이 모두의 정신을 차리게 한 것도 아니다. 동료 가수는 설리를 추모하는 글을 남겼다가 '너도 관심받고 싶냐'는 악플을 받았다.

악플러만의 문제일까? 1만 3,396건. 사망 전 1년간 매체에서 설리가 등장한 기사의 수다. 그중 1,370건이 "노브라"를 언급했다. 언론은 심지어 사망 소식을 전하면서까지, 과거에 대단한 특종인 것처럼 대서특필했던 사진을 첨부해 "노브라 논란 설리, 왜 갑자기?", 이따위 제목의 기사를 작성했다. 설리는 노브라를 욕하는 대중에게 '쳐다보는 사람이 문제'라고 말한 적이 있다. 그리고 타인의 시선에 얽매이지 않고 원래의 일상대로 살았다. 언론은 이를 "'시선 강간' 싫다던 설리, 또 속옷 미착용 근황 공개", "또 설리, SNS 선정성? … 속옷 입고 안 입는 건 자유라지만" 같은 제목으로 보도했다. 논란은 언론이 만들어 놓고, 악플의 원인이 마치 설리 개인에게 있는 것 같은 뉘앙스를 풍겼다. 언론이 하이에나 같은 악플러들에게 사냥감이 여기 있다면서 자극하는 셈이었다.

가수인 당시 남자 친구가 방송에서 연애담을 언급하며, 여자 친구가 밤에 전화를 걸어 랩을 해 달라 한 적이 있다고 슬쩍 말한 내용은 "설리 연인 △△ … '설리, 밤에 전화해서 ○ 해 달라고 조른다'"라는 제목의 기사로 세상에 알려졌다. 언론이 자극적인 소재를 찾는다는 비판은 틀린 것 같다. 언론은 평범한 내용을 자극적으로 둔갑시킨다. 어떻게든 기사가 여기저기 공유되어 클릭 수가 올라가는 상황을 즐긴다. 악플이 달리면 이를 '네티즌 의견'이라면서 다시 기사화한다. 그래서일까? 2017년 국내 구글(Google) 인물 검색어 순위 1위는 설리였다. 유명세만 큰 하이에나들로부터 찢겼고, 찢기니 또 유명해졌다. 이런 악순환의 선순환이 반복될수록 스물다섯 최진리는 무너지고 있었다. 그런 언론이 설리가 죽자 악플 때문에 죽었다며 기획 보도를 했으니, 그 양면성이 얼마나 파렴치한가. 악플은 결과일 뿐이다. 선정성을 놓고 경쟁하는 언론이 존재하는 한, 댓글 창 삭제 정도로는 세상이 쉽게 좋아질 리 없다.

그들의 심리를 아는 게 중요하지 않다

난민 혐오의 문제점을 다룬 칼럼을 작성한 적이 있었다. 글은 평소 특정 종교를 혐오하면서 난민을 조롱하는 걸 일삼는 커뮤니티로 순식간에 퍼졌다(그런 커뮤니티가 우리나라에 정말 많다). 댓글 수십 개가 달렸다. 주장이 마음에 들지 않는다는 정도는 매우 점잖은 수준이었다. 인권 팔이 작가, 가식적인 진보 등 모욕적인 표현이 넘쳐 났다. 집값 상승을 비판하는 글은 국가가 왜 개인의 집 소유에 개입하냐는 성토가 자자한 여러 커뮤니티에 공유되었다. 집 없는 인간의 푸념, 가난한 자의 자기 정당화 등의 조롱이 이어졌다. 한국 사회의 여전한 성차별을 직시하자는 강연 동영상은 페미니스트는 멍청하다는 빈정거림이 가득한 집단 안에서 난도질당했다.

그 안에서 끝나면 나는 괜찮다. 자기들끼리 모여서 저러다

말면, 그게 내 삶에 크게 영향을 끼치진 않는다. 하지만 절대 그렇게 끝나지 않는다. 오찬호를 싫어하는 아무개에게 그 공간은 자신의 생각이 백 퍼센트 옳았다는 확신을 주는 곳이다. 저열한 댓글은 그에게 용기를 낼 수 있는 연료다. 어떤 용기? 보다 직접적으로 오찬호에게 말해도 된다는 용기다. 선을 넘어 보자는 용기다. 그런 인간들의 메일을 가끔 받는다. 순화해서 표현하자면 '성적 혐오감을 듬뿍 담은 욕'이 한가득이다. 인간이 지어낼 수 있는 최악의 단어 조합으로 이루어진 문장의 내용이 어떤지는 독자의 상상에 맡긴다. 그걸 눈으로 보고 읽는 순간의 기분은 어떤 단어로도 표현하기 힘들다. 오죽했으면, 최근 한 언론사의 성 평등 관련 기사 말미에는 "기자 개인을 상대로 욕설, 협박을 비롯한 악성 전자우편을 보내는 경우 수사기관을 통해 발신자를 추적해 민·형사상의 책임을 물을 수 있습니다."라는 경고 문구까지 등장하는 지경에 이르렀다.

실제 그런 메일을 마주하면 감정이 상한 걸 넘어 일상이 흔들린다. 고심 끝에 경찰에 신고하고 가해자를 찾아도 마찬가지다. 그 사건 하나는 해결되겠지만, 아무리 강심장을 지녔다 한들 잔상이 눈앞에서 맴도는 걸 막지 못한다. 범죄자는 그 사람인데, 신세 한탄은 내가 한다. 글을 쓰면서, 이게 무슨 의미가 있냐는 회의감에 빠진다. 강연장에선 예민해진다. 누가 나를 보기만 해도 노려보는 느낌을 받는다. 혹시 저 사람이 그 인간은 아닐까?

이 사람이 그 사람과 비슷한 생각을 하진 않을까? 그런 메일을 보낼 사람이 있다면 그 이상의 해코지도 가능하지 않겠는가? 내 경험은 온라인 공간에 무수히 떠도는 상스러운 욕설 덩어리 하나를 만진 것에 불과하지만, 그 작은 경험에 일상 전체가 위축되지 않는다면 거짓말이다. 주변엔 나를 응원하는 사람이 훨씬 많지만, 100명의 선한 사람보다 1명의 악한 사람이 신경 쓰인다. 가끔은 저 100명도 내 앞에서 웃는 척하고 있는 건 아닌가 하는 생각이 들 정도로 익명의 힘은 어마어마하다. 누구도 믿을 수 없는 혼란스러움이 지속되면, 모든 관계를 의심하게 되니 개인은 점점 고립된다. 그 끝에 나쁜 선택지가 있음은 자명하다.

인터넷에서 활개 치는 악성적인 글의 과격한 행보는 일부 기사의 댓글 창이 사라진 것처럼 약간 제재당하는 정도지 그 폭력적인 속성이 의미 있게 줄어든 게 아니다. 연예인, 운동선수는 물론이고 방송에서 공공의 적으로 찍힌 일반인의 개인 SNS를 찾아온 악플러들이 비대면 인터넷 공간을 방패 삼아 욕설을 퍼붓는 경우는 허다하다. 냉정하게 말해, 댓글 창 기능 삭제는 악플을 없앴다기보다는 다른 한쪽으로 밀어낸 수준에 불과하다. 포털 뉴스 댓글 창보다 한층 사적인 커뮤니티로 우르르 모여든 이들의 수위가 더 높아진 게 사실이다.

사회가 이 문제에 제대로 접근하고 있는지 고민해 보자. 인터넷이 등장하면서부터 이 문제가 불거졌으니, 대부분에게는 너무 익숙하기에 귀찮아진 주제이기도 하다. 그래서 본질적인 해법을 찾기보다는 '도대체 어떤 인간이 저러는지 정말 그 마음을 알고 싶다'는 원초적인 궁금증만이 떠돈다. 악플 쓰는 사람의 심리가 이러저러하다는 접근과 분석을 누구나 한 번은 접해 본 이유다. 그런데 이 같은 분석이 과연 사회적으로 의미가 있을까? 있긴 있겠지만, 유의미한 변화와는 무관하다.

그 내용은 사회생활 못하는 인간들의 대표적인 특성, 타인에게 인정받지 못한 분노를 엉뚱한 곳에 풀려는 보복 심리 등 굉장히 부정적인 것들로만 이루어져 있다. 이를 듣는 사람들은 어떻게 생각할까? 그 인간들은 원래 인간 이하야, 방구석에서 키보드나 만지작거리면서 자기 잘난 줄 아는 바보라니까 정도일 거다. 이건 득도의 자세로 살아가기엔 좋은 접근이다. 본인이 피해자가 되었을 때, '내가 왜 이런 미친 인간 때문에 상처받아야 하지?'라고 생각하며 맞대응하지 않는 게 제일 속 편하다는 말이다. 나도 그랬다. 메일을 스팸메일로 이동시켜 버리는 게 언젠가부터 익숙해졌다. 결국, 가해자는 자기가 무슨 짓을 하고 있는지 알지 못하고 또 누군가에게 죽창을 찌르고 있을 거다. 가해자를 사회 부적응자로 손쉽게 분류한들 가해는 멈추지 않는다는 말이다. 피해자 앞에 놓인 선택지가 그저 피할 방법을 찾는 것뿐이라면 이는 본질적인 문제 해결이라 할 수 없다.

정화라는 말은 지금껏 권력자의 용어였기에 좋아하지 않지만, 인터넷 세상이 어느 정도 정화될 필요는 분명히 있어 보인다. 중요한 건 '어떻게'일 텐데, 많은 이들이 인성 교육을 떠올릴 것이다. 전근대적인 고정관념, 그릇된 복수심, 그 복수를 멋있다고 여기는 착각, 고통에 공감하는 능력 부족 등의 문제점을 교육을 통해 해결하자는 것인데 과연 지금의 대한민국에서 가능이나 할까?

그렇기에 맥락을 뒤집어 지금과는 다른 사회를 상상해 본다. 사람들이 지금처럼 전투적으로 살지 않아도 된다면 어떨까? 가령 소득 격차가 줄어드는 것에서 출발해 보자. 취업 경쟁 완화, 입시 교육의 부담 경감, 전인교육 확산 등 변화는 연쇄적으로 이어질 것이다. 입시가 중요하고 취업이 시급해 늘 추상적으로만 인권을 배워 왔고 그 결과가 걱정이라면, 무엇을 손봐야 하는지는 명료하게 드러나 있다. 그러면 과격하고 무례한 언행이 설 곳은 점차 사라지고, 언론도 자신들의 자극적인 뉴스를 부끄러워하지 않을까? 이런 배경이 뒷받침되어야 인터넷 세상도 달라질 텐데, 그것보다 인류가 화성에 가는 게 더 빠를 것 같다. 이러나 저러나 암담하다.

점점 나쁘게 진화하는 '악플 살인'

'사이버렉카'라는 말이 있다. (종사자에겐 죄송하지만) 교통사고가 나면 신호를 무시하고 벼락같이 나타난 견인차가 막무가내로 차를 끌고 가는 것에 빗대, 화제가 되는 이슈를 재빨리 짜깁기한 콘텐츠를 만들어 조회 수를 올리는 유튜버를 뜻한다. 이들의 주요 타깃은 연예인과 운동선수 등 유명인이다. 사람들의 이목을 끄는 '이슈 몰이'가 쉽기 때문이다. 물론 대부분이 허위이고 '~카더라'는 말만 난무한다. 하지만 인터넷 세상에서는 거짓이건 말건 자극적인 내용일수록 소문이 더 빠르고 그 속도와 비례하여 피해자의 고통은 커진다. 그러다가 애꿎은 이들의 극단적 선택으로 이어진다. 2022년 초, 유튜버 잼미(본명 조장미)가 남성 혐오로 의심되는 제스처를 취했다는 이유로 남성 혐오자라는 비난과 함께 각종 루머에 괴로워하다 극단적 선택을 했는데, 그 원인으로 '사이버렉카' 유튜버들이 지목되곤 했다.

나는 '잼미'라는 유튜버도, 사망 사실도, 그리고 그의 죽음이 인터넷에서 떠도는 저열한 거짓 정보 때문이라는 것도 뉴스를 보고서야 알았다. 사이버렉카라는 신조어도 몰랐다. 그런 현상이 존재한다는 거야 알았지만 '더 자세히' 알기가 싫어서 외면했다. 아마, 이런 나의 태도가 이 시대의 슬픈 모습일 거다. 사이버 세상의 자극적인 콘텐츠가 어떻게 유통되는지 알고는 있지만, 그곳에 널린 게 루머라서 어느 순간 신경을 꺼 버렸다는 게 정확한 표현일 거다. 실제 악플에 대처하는 의연한 자세라면서 소개되는 건 '그들은 변하지 않으니 상대하지 말 것'이라는 내용이 많다. 틀렸다. 그들은 '더 나쁘게' 변했다.

"한국인의 극단주의는
'목숨'이라는 단어의 오·남용으로
잘 나타난다."[6]

— 언론학자 강준만

세 번째 민낯,

맞아도 별수 없다

— 때려 주는 선생이 진짜[1]라는 이들에게, 故 최숙현 —

선수를 끼워 판다고?

1994년 초, 20대 초반인 배우 장동건이 주연한 드라마 〈마지막 승부〉가 화제였다. 당시 최고의 인기 종목이었던 농구를 소재로 했는데 줄거리는 이렇다. 고교 농구선수 A와 B는 자신의 학교를 우승으로 이끈다. A와 B, 그리고 이들보다 실력이 부족한 친구 C는 같은 대학으로 진학하기로 한다. A, B가 가는 조건으로 C도 '끼워서' 입학을 시켜 주는 식이었다. 그런데 A가 마

[1] 영화 〈4등〉(2015)에서 수영 코치 광수(박해준 분)는 초등학생 준호(유재상 분)에게 "잡아 주고 때려 주는 선생이 진짜다. 내가 겪어 보니 그렇더라."라고 말한다. 결과에 따른 진로, 보상이 천지 차이인 체육계에서는 노력이라는 미명 아래 폭력이 묻히는 경우가 허다하다. 그렇게 폭력은 대물림된다.

음이 변해 다른 대학을 선택한다. B는 원래대로 입학이 가능했지만, A 없이 C까지는 어렵다는 학교의 통보를 받고 친구 C에 대한 미안함에 진학을 포기한다. A 때문에 낙동강 오리알이 된 두 친구는 술로 방황의 나날을 보냈는데, 그 와중에 C가 교통사고로 사망한다.

B는 어렵게 공부해서 겨우겨우 대학에 합격하고 우연히 체육대회에서 농구 실력이 드러나면서 농구부에 발탁된다. 이제부터는 모두가 아는 이야기다. A를 이기겠다고 B는 머리 빡빡 밀고 이를 갈면서 훈련에 매진한다. 결국 마지막 승부 끝에 이긴다. 그리고 A가 어머니 병원비 때문에 어쩔 수 없는 선택을 했음을 뒤늦게 알고 서로 화해하는 훈훈한 마무리. 시류에 편승했다, 전형적인 줄거리다 등 비판도 많았지만 나는 이 드라마가 한국 체육계의 고질적 문제 두 가지를 선명하게 보여 준 나름의 수작이라고 생각한다.

첫째, 잘하는 선수 한 명이 기타 등등의 인생을 책임지는 괴상한 진학 형태다. 잘하는 중학생 선수 한 명을 영입하기 위해 고등학교는, 고등학교 슈퍼스타를 영입하기 위해 대학교는 '에이스 아무개만 보내 주면' 동료 몇 명도 함께 받아 주겠다고 제안한다. 함께 대학 가면 좋은 거 아니냐고, 잘하는 사람 덕 좀 보는 게 잘못이냐고 순진하게 생각하면 될까? 아무개와 함께 딸려 갈 몇몇은 이 밧줄을 붙잡기 위해 모든 것을 걸어야 한다. 자연스레, 행운의 티켓을 제공할 선수 아무개와 감독에겐 권력이 생기고 누군가에게는 이들에게 찍히면 끝장이라는 두려움이 발생한다. 조금이라도 안 좋은 인상, 불편한 느낌을 풍긴다면 선택될 수 없다. 무엇이든 받아들여야 한다. 폭력을 당했든, 보았든, 들었든 말이다. 다 묻고, 다 덮어야 한다. 특히나 어쩌면 자신의 운명을 책임져 줄지 모를 슈퍼스타가 나쁜 일의 주범이라면, 자신이 피해자가 된들 상관없다. 에이스가 잘못되면 자신의 다음 여정도 뒤틀리니 심각한 것도 사소하게 넘긴다. 이 과정이 몇 번 반복되다 보면 피해자는 계속 참고, 가해자는 언제나 참지 않는다. 결국, 운동을 하는 사람들이 모였다는 이 작은 세계 안에서는 폭력이, 폭력이 아닌 것으로 둔갑한다. 특정한 사람들끼리의 문제가 아니라 그냥 일상적으로 누구는 때리고, 누구는 맞으며 운동한다.

선수 끼워팔기는 오랫동안 관행이었다. 그냥 사람만 끼워졌겠는가. 돈이 오가는 입시 비리였다. 잘하는 선수의 부모가 대학으로부터 돈을 받았고, 못하는 선수의 부모는 감독에게 돈을 주며 어찌어찌 엮어 달라고 읍소했다. 이때 맺어진 동맹 의식은 누군가에게 평생 족쇄가 된다. 1990년대 말부터 사회문제로 부각되면서 공식적으론 금지되었지만, 지금도 관행의 유산들이 종종 등장한다. '선수 끼워팔기'를 검색하면 여전히 체육계 입시 비리의 사례로 등장한다. 서로 입만 맞추면 비리가 드러나지 않기 때문이다. 체육계의 폐쇄성과 일상적 폭력은 과거보다 줄어들었겠지만 여전히 존재하는 구조적 문제다.

의문이 있다. 피해자들은 왜 참기만 할까? 운동을 계속할 수 있다는 이유가 그렇게 중요해서일까? 아니다. 운동을 계속하지 못할 때의 상황이 더욱 위험천만하기 때문이다. 그걸 〈마지막 승부〉에서도 잘 보여 준다. 드라마는 운동선수의 길이 꼬였을 때 어떤 현실이 개인 앞에 도래하는지를 잘 드러냈다. 친구따라 대학 진학에 실패한 두 명은 농구를 그만두었으니 다른 걸 하면 되겠지만, 쉽사리 길이 열리지 않는다. 한 명은 이도 저도 아닌 상태에서 술만 먹다 결국 세상을 떠나고 한 명은 시험을 쳐서 대학에 합격하기 위해 기초부터 다시 공부한다고 고군분투한다.

운동선수에게 운동을 그만둔다는 건, 백지상태가 되어 망망대해에서 허우적거려야 함을 뜻한다. 이도 저도 아닌 상태가 될 수 있다는 미래에 대한 불안은 이도 저도 아닌 현재를 버티게 한다. 폭력에 입을 다물게 한다. 운동을 그만뒀을 때 어떻게 살아야 하는지가 걱정되기 때문이다. 좁은 바닥에서 내부 고발자라고 나쁜 소문이라도 나면 코치 자리 하나 얻지 못한다.

학교 운동부에 들어갔으니 당연한 거 아니냐고 말할 사람도 있겠다. 나 역시, 1990년대에 중고등학교를 다니면서 눈으로 확인한 운동부의 모습은 매우 극단적이었다. 운동부 친구들은 시험지를 받기도 전에 OMR 카드에 답을 대충 체크하고 나가 버릴 정도였다. 이 극단적 행동을, 아무도 의아하게 생각하지 않았다. 공부와 운동을 병행한다는 말이 없을 때라, 극단을 보면서도 놀라지 않는 극단적 인식이 가능했다. 폭력이 싹틀 극단과 묻힐 극단이 다 갖춰졌던 셈이다. 세상을 둘러보니, 이건 당연하지 않았다.

야구 선수가 변호사가 되다

미국 메이저리그에서 활약하는 류현진 선수는 한 해 연봉이 2,000만 달러(247억 원)다. 야구 잘해서 매해 200억 넘게 돈을 벌 수 있는 것도 놀라운데, 이를 4년간 보장받았으니 얼마나 대단한가. 추신수 선수는 2014년부터 7년 동안 총 1억 3,000만 달러(1,500억 원)를 벌었다. 체결 시점 기준, 100년이 넘는 미국 야구 역사에서 금액으로 27번째에 해당하는 천문학적 계약이었다. 류현진, 추신수 선수의 몸값이 어마한 데에는 에이전트 스콧 보라스Scott D. Boras의 활약이 컸다. 지난 2001년 말 박찬호 선수의 5년 6,500만 달러 계약을 성사시키며 한국에도 이름이 알려진 인물이다. 스콧 보라스는 출중한 협상력으로 선수들의 몸값을 최대한 높이는 데 탁월한 수완을 지녀 구단으로부터 '악마' 소리를 듣는 전 세계 최고의 에이전트다.

에이전트는 돈을 조금이라도 아끼려는 구단을 설득해야 한다. 각종 통계 자료를 준비하는 건 기본이고 심리전도 펼친다. 변호사와 유사한 역할을 하는 셈인데, 보라스는 실제 변호사다. 그래서 협상도 잘했을 거다. 게다가 약학박사 학위 소유자다. 이력만 보면 공부만 하면서 살았을 것 같은데, 보라스는 놀랍게도 야구 선수였다. 잠시 야구를 했다가 그만두고 학업에 전념한 것도 아니다. 프로 팀에 지명받을 정도로 실력이 좋았다. 미국 프로야구 구단에 '신인 자격'으로 발탁되려면 야구 실력이 또래에서 상위 0.1% 수준이어야 한다. 100명 중 1명이 아니라 1,000명 중에서 최고, 혹은 그보다 더 잘해야 기회를 얻는다. 그러니까 보라스는 공부가 아니라 야구에 미쳐 살았다는 거다. '우리'의 시각으론 말이다.

보라스는 무릎 부상으로 메이저리그에서 뛰는 꿈을 포기한다. 그리고 박사 학위를 따고 변호사가 된다. 이 과정이 10여 년 걸린 것도 아니다. 몇 년 사이에 자연스럽게 이루어진다. 속세와 담을 쌓고 하루 20시간씩 공부만 했다는 무용담은 없다. 그건 그야말로 '모 아니면 도'인 시스템에서나 등장하는 이야기다. "운동 이외의 것에 한눈팔지 않았다"는 이야기가 많은 곳에서 운동 이외의 것을 제대로 하려면 또 다른 전쟁이 필요하니까.

한국에서 운동한다는 건 교실에 들어가지 않고 훈련만 했음을 뜻했다. 추신수 선수는 고등학교를 졸업하자마자 미국으로 건너갔는데, 그때까지 영어는 알파벳 대문자만 알았다고 방송에서 밝힌 바 있다. 운동에 모든 것을 바쳤고 운동 이외의 것을 포기했다는 말이다. 그렇기에 운동부에 들어가고 싶은 학생들은 부모님께 허락받는 게 큰일이었다. '학교 수업을 들으면서 운동부에서 좋아하는 걸 여한 없이 하는 게' 아무렇지도 않은 것이어야 하지만, 한국에서는 아무렇지 않은 게 아니다. 이건 완전히 다른 두 갈래 앞에서의 고민이다. 운동하는데 왜 공부를 포기해야 하는지를 묻지 않았던 사회에서, 운동의 길은 반드시 운동으로 성공해야 함을 뜻한다. '모 아니면 도'이니, 부모는 망설일 수밖에 없다.

공부를 포기하고 운동을 선택해서 추신수 선수처럼, 아니 그 절반의 절반 수준만큼이라도 성공한다면 무엇이 문제겠는가. 하지만 그런 나라는 어디에도 없다. 경제활동인구 중 운동선수는 아주 일부인 게 당연하다. 애초부터 바늘구멍인 이 바닥은 '운동에만 집중한다고' 성공이 보장이 되는 것이 아니다. 이 당연함은 자연스럽게 다음 질문으로 이어져야 한다. 운동을 통해 성공할 0.1%의 확률을 위해 운동 이외의 것을 포기하는 것이 옳은지, 성공하지 않을 99.9%를 위해 학업을 포기하지 않는 시스템을 갖춰야 하는지 말이다. 야구를 포기하고 변호사가 될 수 있었던 시스템이 어느 쪽이었는지는 분명하다. 그러니까 미국에선 운동선수'도' 공부를 한다는 말 자체가 별 의미가 없다. 학업성적이 일정 수준 아래로 떨어지면 운동부 생활을 못하게 하는 규정이 있는 건 운동하려면 공부부터 해야 하는 게 당연하다는 말이니까.

운동이 전부가 된 공간에서는 부당함을 참는 게 미덕이다. 잘 참으면 의지, 인내심 등 고상한 말로 포장된다. 운동으로 성공하는 것만이 유일한 길이니, 그 '유일'이 불확실해지면 불안하다. 부조리함을 외부에 알려야겠지만, 만약 별 효과가 없다면? 괘씸죄에 얽힐까 봐 조마조마하다. 이 두려움을 이겨 낼 재간이 없다. 불확실한 정의로움을 붙들고 있는 것보다는 굴욕적이라도 하루하루 버티는 게 차라리 낫다고 울며 겨자 먹기로 받아들일 수밖에 없다. 우리가 살아가는 세상의 기준보다 '체육계' 내부가 더 느슨한 이유다. 느슨하면 폭력에 긴장하는 사람이 없고, 그 폭력을 폭력이 아니라고 포장한다. 다 잘되기 위한 것이다, 뭐 이런 헛소리로.

"엄마 사랑해. 그 사람들 죄를 밝혀 줘."

故 최숙현(1998~2020)은 트라이애슬론 선수였다. 이 운동은 수영, 사이클, 마라톤 세 가지를 연이어 겨루는데, 흔히 '철인 3종 경기'라고 불린다. 최 선수는 아시아 트라이애슬론 선수권 대회 주니어부에서 동메달을 딸 정도로 어릴 때부터 실력이 대

단했다. 운동으로 성공할 수 있다는 희망이 있었기에 계속 운동에 매진했을 것이다. 하지만 희망은 절망이 된다. 고교 졸업 후 들어간 실업 팀에서, 최숙현 선수는 매일 끔찍한 악몽에 시달렸다. 실업 팀은 성인들의 직장이다. 그런데도 맞았다. 성인이 아니면 맞아도 된다는 게 아니라, 문제를 외부에 알리면서 어떻게든 지옥에서 빠져나올 가능성이 상대적으로 컸다는 말이다. 물론, 알렸는데도 소용없었으니 그 일말의 가능성을 따지는 게 무슨 의미가 있을까 싶지만.

최숙현 선수 주변의 동료 선수와 감독, 운동처방사라는 직책을 가진 사람의 폭력은 일상적이었으며 엽기적이었다. 체중이 늘었다는 이유로 빵을 20만 원어치 사 오게 한 뒤 다 먹으라고 했다. 고문을 한 셈이었다. 선수가 감량을 해도 구타는 여전했다. 뺨을 수십 회 때리고 배를 걷어찼다. 외모를 비하했다. 최 선수는 일기장에 "눈 뜨고 싶지 않다.", "길 가다 누군가 (나를) 차로 쳤으면", "강도의 칼에 찔렸으면" 등의 표현을 하며 두려움에 떨었다. 주변인들의 방관 속에 피해자는 고립되었고 대인 기피 증세까지 나타났다. 그렇지만, 아니 그러니 폭력과 협박은 그치지 않았다.

최 선수는 본인이 할 수 있는 모든 방법을 동원해서 폭력 사실을 외부에 알렸다. 소속 팀은 물론이고 대한철인3종협회와 대한체육회 스포츠인권센터에도 진상 조사를 요구했다. 국가인권위원회에도 진정서를 냈다. 하지만 반응은 없었다. 피해자인 자신을 보호하고 가해자를 처벌하겠다는 어떤 움직임도 나타나지 않았다. 관계자들은 선수의 아버지에게 합의를 종용하면서 시끄러워지길 원하지 않는다는 태도를 노골적으로 보였다. 선수는 참다못해 경찰에 고소도 했지만 조사는 무성의했다. 아마, 운동선수에게 흔히 있는 일 정도로 치부해 급한 해결 과제로 보지 않았을 거다.

한 문단으로 설명된 이 과정을 선수 입장에서 생각해 보자. 큰맘 먹고 알렸는데 조사는 하는 둥 마는 둥이다. 자신이 소속팀 사람들을 어딘가에 고발했다는 것만 알려졌을 뿐이니, 가해자들이 괘씸하다면서 자신을 더 괴롭힐 상황만 만들어진 셈이다. 그래서 여기가 아니면 저기에, 저기에서 반응이 없으면 또 다른 문을 찾아서 두드렸다. 감독은 다른 선수들에게 고발 내용이 이상하다, 신고자의 평소 언행이 좋지 않다는 진술서를 제출하도록 했다. 이런 분위기는 보호받지 못한다는 허탈감을 넘어, 죽을 수도 있다는 공포심으로 다가왔을 것이다. 공식적으로 문제 제기가 받아들여져서 가해자와 싸우는 거라면 얼마든지 할 수 있었을 거다. 하지만 '가해자라 할지라도 같은 식구끼리는 감싸 주는' 폐쇄적 체육계의 큰 벽과 마주할 때 피해자가 할 수 있는 건 없다.

조직이 폐쇄적이면 문제를 외부로 드러내지 않고 내부적으로 쉬쉬한다. "누가 가해자야!"라는 반응보다 "누가 신고했어?"라는 추궁이 일상적이다. 피해자가 동료 인생을 망치는 나쁜 인간으로 둔갑하는 것은 순식간이다. 이걸 몸으로 느낀 최 선수는 "엄마 사랑해. 그 사람들 죄를 밝혀 줘."라는 마지막 문자를 보내고 극단적 선택을 했다. 2020년 6월 26일이었다. 2020년이다. 1920년이 아니다.

기가 막힌 건 죽음 이후 뒤늦게 드러난 문제의 퍼즐을 맞춰 보니, 최 선수에게 일상적으로 폭력을 행사한 운동처방사가 정체불명의 인물이었다는 거다. 아무런 자격도 갖추지 못한 사람이 지자체 소속의 운동 팀 '닥터'라는 명칭을 부여받고 사람을 때리고 갈취 수준으로 돈을 뜯어 가는데도 이를 감시할 시스템은커녕 문제를 신고할 창구조차 존재하지 않았다.[¶] 어떻게 이런 일이 가능하단 말인가?

체육계의 자정만으로 뿌리 뽑힐까

최숙현 선수가 드러낸 현실이 절망적인 것은, 체육계가 2019년도에 큰 난리를 치르면서 예방책을 마련할 수 있었지만

[¶] 선수들에게 가혹행위와 강제추행을 한 운동처방사는 항소심에서 징역 7년 6개월에 벌금 1,000만 원을 선고받고 상고했다가 취하하면서 형이 그대로 확정되었다. 감독과 주장 선수는 항소심에서 각각 징역 7년, 4년을 선고받고 상고했지만 대법원은 이를 인정하지 않고 확정판결을 내렸다.

그러지 않았기 때문이다. 자신에게 성폭력을 상습적으로 일삼은 코치를 국가 대표 선수가 고발한 것이 시작이었다. 이는 숨죽이며 살았던 이들이 자신의 피해를 증언하는 도미노 효과로 이어졌다. 빙상, 유도, 양궁, 농구 등 여기저기서 걷잡을 수 없는 폭로가 이어졌고 대부분이 사실로 드러났다. 논란의 중심에 선 체육계는 발본색원, 일벌백계 어쩌고 그러며 반드시 뿌리 뽑겠다는 다짐을 말하기 바빴다. 하지만 최숙현 선수가 겪은 과정에서 알 수 있듯이 그쪽 사람들은 말만 번지르르했다.

체육계가 얼마나 경직되어 있는지 다음의 경우를 보자. 최숙현 선수 사건 이후, 여론을 의식한 정치인들의 발 빠른 행보로 스포츠윤리센터라는 기관이 문화체육관광부 산하 독립 법인으로 출범했다. 인권침해가 발생하면 엄정하게 대처하겠다는 취지였다. 그런데 2021년도에 한 국회의원이 조사를 하니, 학교 운동부 안에서 폭력을 당한 이들 중 스포츠윤리센터에 신고한 경우는 13.1%에 불과했다. 경찰에 의지한 경우가 18.8%로 더 많았다. 운동하는 사람들이 체육계를 신뢰하기에는 아직 멀었다는 거다.

최근, '야구 선수를 하다가 그만두고 변호사도 될 수 있는 시스템'으로의 변화가 조금씩 일어나고는 있다. 학교 운동부의 기숙사 합숙을 금지하는 쪽으로 권고되고 있으며 축구, 야구 등의 종목에서 경기를 주말 리그 형태로 진행해 평일에는 수업을 빠질 이유가 없도록 하고 있다. 그런데 현장에서는 이런 변화를 그다지 환영하지 않는 모양새다. 이렇게는 최고의 선수를 육성할 수 없다는 체육계의 반발이 있다. 학부모들이 '우리 아이는 별도로 훈련을 시켜 달라'고 청하기도 한다. 운동과 공부를 병행한다는 것이 낯선 것을 넘어, 이렇게는 아무것도 제대로 할 수 없을 거라는 불안감을 자극했기 때문일 거다.

지금의 변화가 스포츠계 폭력이라는 시한폭탄의 뇌관을 단번에 제거할 수 있을지는 장담할 수 없다. 왜 이런 변화가 필요한지를 모두가 이해하고, 진실 된 마음으로 과거 시스템의 구조적 모순을 타파하려 해야만 긍정적인 기대가 가능하다. 하지만 앞으로 스포츠 강국으로서의 위상이 흔들리면 그 원인을 '느슨해진 훈련 탓'이라고 할 사람들이 여전히 많다. 이럴 때 스포츠 대회에서 성적이 좀 안 좋아진 게 무슨 상관이냐는 여론이 형성된다면 다행이겠지만, 가능할까?

폐쇄적인 체육계의 엉터리 시스템은 국민들과 무관하지 않다. 스포츠의 결과, 오직 결과만 보고 환호를 보내는 사람은 누구인가? '성적 지상주의'는 선수와 코치가 집착한 탓도 있지만, 국제 대회에서 1등을 하고 올림픽에서 금메달을 따는 모습에 지나치게 몰입하는 '우리' 때문에 생겨났다. 지나친 민족주의의 시선으로 스포츠에 몰입한 언론과 그런 기사에 일희일비한 사람들이 '운동은 시작한 이상 목숨을 걸어야 하는' 풍토를 조성했다. '올림픽 금메달이 국위선양'이라는 인식이 사라지지 않고선 체육계 폭력도 사라지지 않을 것이다.

2018년 제23회 평창 동계올림픽이 열리기 몇 년 전에 정부는 '8-4-8-4' 목표를 제시했다. 금메달 8개, 은메달 4개, 동메달 8개를 따서 종합 성적 4위를 달성하겠다는 것이다. 개막을 앞두고 선수단을 격려하는 자리에서 문화체육관광부 장관은 "목표를 달성하면 선수들의 이름으로 시를 짓겠다."라면서 부담을 주기도 했다.

사람들은 선수가 금메달을 거머쥘 때마다 환호했다. 언론은 수십 개의 특집 기사를 작성했고, 뉴스에는 선수의 초등학교 담임선생님까지 등장하여 훈훈한 이야기를 하기 바쁘다. 금메달리스트는 여러 곳에서 스포트라이트를 받고 기업의 광고 모델이 되곤 한다. 한순간에 인생 역전의 주인공이 된 운동선수의 모습은 다른 선수들에겐 '지금의 부당함'을 참아야 하는 중요한 이유가 되어 버린다. 방황할 때 '때려 주는' 스승이 참스승이라고 억지로 생각하면서 버티게 한다. 반복되다 보면 정말로 그런 줄 착각하고 더한 일에도 개의치 않는다. 금메달만 따면 '한 방에' 인생이 달라질 테니까.

2018년 평창 동계올림픽에서 종합 순위 1위를 한 노르웨이는 2016년 제31회 리우데자네이루 하계올림픽에서 74위를 했다. 같은 대회 기준으로 스웨덴은 동계올림픽 6위, 하계올림픽

29위를 했다. 어떻게 이런 차이가 생겼을까? 노르웨이나 스웨덴은 지형적 특성 덕분에 겨울스포츠 강국이 됐다. 그 나라 사람들은 어릴 때부터 겨울스포츠를 자연스레 접한다. 그들은 어디에 가더라도 스키를 탈 수 있고, 스케이트를 신을 수 있으며, 컬링을 접할 수 있다. 이를 '생활체육'이라고 부른다. 하지만 하계올림픽까지 잘하려고 하지는 않는다. 국민이 그렇게 요구하지도 않는다. 우리나라에서는 종합 순위 10위 안에 못 들면 어쩌다가 이런 지경이 되었냐는 뉴스가 등장하지만 올림픽 순위와 국격이 전혀 상관없다고 여기는 사람들에게는 이런 고민 자체가 없다.

세계 여러 나라에서 '목숨 걸고 운동선수가 되는' 시스템을 허용하지 않는다. 목숨 건 운동선수의 좋은 성적에 국민들이 순간적으로 환호할 수는 있겠지만 그 이유로 누군가의 인권이 취약해지는 시스템을 허락할 수 없기 때문이다. 단적인 예로 올림픽 경기를 보면 다른 나라에는 따로 직업이 있는 선수가 많은데 우리나라는 그렇지 않다.

과거에는 많은 나라가 운동에 재능 있는 소수를 선발해 집중 교육을 하는 '엘리트 체육' 시스템을 시행했다. 여기엔 정치적 이유가 있었다. 냉전 시대 미국과 소련은 올림픽에서 누가 금메달을 많이 따는지를 두고 경쟁했다. '자유주의 덕분에 금메달을 많이 땄다.', '사회주의의 위대함 덕분이다.'라고 선전할 수 있어서다. 독일이 통일되기 전에도 마찬가지였다. 사회주의 체제이던 동독은 1990년 서독에 흡수통일될 정도로 경제 기반이 약했지만, 올림픽 성적은 대단했다. 서독에 흡수되기 직전이었던 1988년 제24회 서울 하계올림픽에서 동독은 메달 순위에서 미국(3위)보다 높은 2위였다(1위는 소련). 일본도 제2차 세계대전에서 패망한 뒤 국력을 모으기 위해 1964년 제18회 도쿄 하계올림픽을 유치했고, 집중 투자를 통해 좋은 성과(3위)를 이끌어냈다.

어떻게 가능했을까? 올림픽 결과가 국가의 위신이라고 여겼기 때문이다. 그래서 선수를 발굴해 혹독하게 훈련시켰고, 금메달을 따면 '나라의 영웅'으로 대접했다. 후배 선수들은 영웅 대접받는 선배들의 모습을 부러워하며 모든 것을 바쳤다.

전두환 독재 정권은 국민들의 관심을 다른 곳으로 전환하고자 스포츠를 활성화하는 정책을 펼쳤다. 프로야구 리그(1982)와 프로축구 리그(1983)를 탄생시켰고, 국가 대표 선수에 대한 보상을 대폭 늘려 말 그대로 금메달 하나 따면 인생이 바뀌도록 했다. 그 결과, 이전 대회까지 별로 두각을 나타내지 못했던 대한민국은 1984년에 열린 제23회 로스앤젤레스 하계올림픽에서 종합 순위 10위, 4년 뒤 서울 하계올림픽에서는 무려 4위라는 놀라운 성적을 기록했다. 당시 초등학교 4학년이었던 나는 한국의 올림픽 순위를 물었던 시험 문제를 선명하게 기억하고 있다.

국민들은 흥분했고, 이와 비례해서 학교 운동부의 목적이 성적 지상주의가 되는 건 너무나 자연스러웠다.

스포츠계의 괴기스러운 모습을 이해하기 위해서는 국제 대회 성적에 지나치게 몰입하고 흥분하는 사회가 원인이었음을 간과해선 안 된다. 이 과잉된 감정에서 엉터리 시스템이 만들어지고 연장되었으며, 그 울타리를 벗어나지 못했던 최숙현 선수는 전전긍긍하며 끝내 기댈 곳을 찾지 못했다.

"나 운동할 땐 말이야…" 폭력의 추억

2022년 제24회 베이징 동계올림픽에서 대한민국 쇼트 트랙 대표 팀은 감독 없이 대회에 참여했다. 감독 공모를 하면서 '선수 폭행, 폭언 등과 관련해 문제가 없어야 한다'는 조건을 내걸었는데, '폭력에서 자유로운' 일류 지도자를 찾기가 힘들어서다. 이는 지금까지 '성적만 좋으면 다른 것은 따지지 않는다'는 기조가 당연했음을, 그리고 이런 관행에 수많은 선수들이 폭력을 별수 없이 받아들였어야 함을 뜻한다.

지난 2009년 국가 대표 배구 선수 A는 코치가 자신을 폭행한 사실을 멍이 든 얼굴로 기자회견을 하며 세상에 알렸다. 이 일로 코치는 무기한 자격정지 징계를 받았다. 하지만 몇 년 뒤 슬그머니 징계가 풀렸다. 가해자는 다시 배구 판에 복귀했고, 프로 팀의 감독이 되어 A와 경기장에서 마주쳤다. 그럴 때마다 악몽이 떠오른다고 A가 밝히자, 가해자는 'A와 소주 한잔하면서 풀고 싶다'고 인터뷰를 한다. 폭력을 얼마나 가볍게 여기고 있는지를 보여 주는 단적인 사례다. 술로 앙금을 풀자니, 그것도 때린 사람이 그렇게 말할 수 있다는 게 그쪽 세계의 구조를 잘 보여 준다. (이후 복귀 논란이 불거지면서 감독은 자신 사퇴했다.)

과거에 젖어 있는 지도자들은 많다. 요즘 선수들은 정신력이 부족하다, 참을성이 없다, 호화롭게 훈련한다, 훈육 좀 했다고 짜증 낸다 등등의 이야기 속에는 여전히 '사랑의 매' 운운하며 인간의 존엄성이 파괴된 시절을 추억처럼 여기는 관성이 깊숙이 배여 있다.

"절대로 무리한 요구가 아님을
맹세합니다. 인간으로서의 최소한의
요구입니다. 기업주 측에서도 충분히
지킬 수 있는 사항입니다."[7]

— 전태일이 박정희 대통령에게 부치려던 편지(1969년 3월)

네 번째 민낯,

떨어져도, 끼여도, 깔려도¶ 별수 없다

― 너는 나다,¶¶ 故 김용균 ―

"숨진 노동자는 하청업체 직원이었습니다"

1995년 6월 29일, 서울의 삼풍백화점이 무너졌다. 처음에 '무너졌다'는 소식을 들었을 때, 건물 전체가 폭삭 주저앉았다고는 상상도 안 했다. 그만큼 충격적이었으니, TV에서는 어쩌다 이런 일이 생겼는지 따져 보는 전문가들의 성토가 자자했다. 학교에서도 그런 시간을 가졌다. 교사가 신문 스크랩한 내용을 나

¶   《라포르시안》의 칼럼 「떨어지고 끼이고 깔리는 '죽음의 행렬'… 누가 안전한 노동을 막는가」(시민건강연구소, 2021. 5. 17.)에서 참조한 표현이다.

¶¶   노동자의 죽음을 추모하는 현장에 항상 등장하는 문구다. '디지털 첨단 시대'라는 수식어가 난무하지만, '살아서 퇴근하길' 희망하는 노동자들은 여전히 많다. 더 큰 문제는 산업재해를 자신과 무관하다고 여기는 정서가 만연하다는 것인데, 과연 나는, 너와는 다를까?

눠 주고 이런저런 시대 비판을 했는데, 그때 처음 들었던 말이 '하청'이다.

기억을 더듬어 검색을 했다. 「삼풍, 그 후 부실시공 사라졌나: 헐값 낙찰→재하청 악순환 여전」(《동아일보》 1995년 9월 21일 자 5면). 정확하진 않지만 이런 기사였던 것 같다. 1994년 10월 21일 성수대교 붕괴라는 어처구니없는 사건 이후 비슷한 접근이 제법 있었다. 「안전 문화를 만들자, 사고 불감증 추방 캠페인: 하청… 재하청… 예고된 부실」(《동아일보》 1995년 5월 18일 자 1면) 기사에는 159억을 낙찰받아 25억을 챙기고 다시 하청을 주는 문제가 언급된다. 「원청-하청 불공정 관계 개선해라」(《한겨레》 1995년 4월 18일 자 20면) 기사에서는 자동차노동조합총연합 준비위원회에서 부품값 인하를 일방적으로 통보하는 완성차업계의 문제를 꼬집는 내용이 다뤄진다. 그 전에도 분위기는 심상치 않았는데 《매일경제》 1993년 4월 1일 자 기사 「하청 비리 척결 대책 마련 착수」에는 "대형 공사를 대기업이 수주한 다음 하청 또는 재하청을 주는 과정에서 심하면 공사비의 50%까지 증발하는 경우도 있었던 것으로 안다."라는 관계자의 말이 등장한다. 돈만 증발했을까? 안전한 세상도 딱 그만큼 푸석해졌을 거다.

업무를 외부에서 조달하는 것을 아웃소싱(outsourcing)이라고도 하는데, 영어라서 세련되어 보인들 그게 하청(下請)이다. 아래에 청한다는 뜻이지만 무엇을 청할 때의 공손함 따위가 배어 있진 않다. 협력업체, 파견 근무자 등 상황에 따라 하(下) 자를 피해 표현하지만, 실제 현장의 상하 관계는 매우 엄격하다. 위에서 어떤 일을 언제까지 끝내라는 작업 지침을 하달하면 아래에서는 '알아서' 해야 한다. 비용이 부족하면 인력을 줄이든, 이가 없으면 잇몸으로 때우든 '어떻게든' 해야 한다. 당연히 안전사고로부터 자유로울 수 없다. 하청업체가 위험을 감수하고 일을 해야 하는 구조, 말 그대로 '위험의 외주화'다. "숨진 노동자는 하청업체 직원이었습니다."라는 뉴스가 낯설지 않게 들리는 이유다.

　고용노동부 조사에 따르면 3년간(2018~2020년) 건설 현장 산재 사망사고에서 하청업체 노동자가 차지하는 비율은 55.8%였다. 주목할 것은 공사 규모 120억 원 이상의 건설 현장에서는 이 비율이 89.6%에 이르렀다는 점이다. 길을 가다 쉽게 볼 수 있는 대단지 아파트 건설 현장이나 조선소처럼 규모가 큰 산업 현장에서 죽는 사람은 대부분 하청업체 소속이라는 말이다. 이유는 안전시설을 갖추지 않았거나 지침을 준수하지 않은 경우가 대부분으로 안전시설을 갖추면 적자이고, 지침을 다 지키다가는 공사 기간이 늘어나 역시나 적자이기에 그렇다. 그래서 이들은 떨어지고, 깔리고, 끼여서 죽는다. 50~60년 전이라면 아파트 짓다가 간혹 일어나는 일이라고 말할 수 있을지 모른다. 하지만 2022년이라면 아니다. 2020년 기준 한국의 전체 가구 중 아파트 거주 가구 비율은 51.1%다. 아파트는 보편화된 건물이라는 말인데, 그거 만들다가 몇 명 죽는 게 당연해서는 안 된다.

이 '위험의 외주화' 문제가 1990년대 중반에도 워낙 구조적이고 고질적이었던 거다. 조직의 핵심 업무를 제외한 요소를 외부에 맡기는 건 비용을 절감해 이윤을 증가시키는 기업 운영의 합리적인 시스템처럼 포장되지만, 약간 과장하자면 현대사회에 발생하는 산업재해가 '하청'이라는 시스템과 무관한 경우는 없다.

공사비의 85%가 사라지다

2021년 6월 9일, 광주광역시 동구 학동에서 철거 중이던 5층 건물이 도로 쪽으로 무너졌다. 9명 사망, 8명 부상이라는 어처구니없는 붕괴 사고는 안전 관리 부실의 끝판왕이었다. 다행히 현장 노동자들은 직감적으로 대피를 했다. 이 사실이 알려지자 왜 자신들만 대피했냐, 도로를 통제하지 않은 이유가 뭐냐면서 원망하는 반응이 있었지만 장담컨대 이들은 어떤 사전 교육도 받지 못했을 거다. 현장 노동자들은 하청업체 소속이었는데, 그것도 1차 하청업체로부터 다시 하청 받은 회사의 직원들이었다. 먹이사슬의 맨 밑바닥에 위치한 이들이, 현장에서 독자적인 의지에 따라 업무를 수행할 수 있는 재량은 없다고 말해도 무방하다. 쉽게 설명하자면, 고작 직감 때문에 일터를 벗어난다는 건

이들에게 일자리를 잃을 수 있는 위험한 행동이다. 건물이 무너졌기에 대피한 정당성이 생겼을 뿐, 아니었다면 왜 허송세월하냐면서 지탄을 받았을 거다. 하청업체는 빠듯한 예산으로 적은 인원을 쥐어짜면서 수익을 내야 하기에 돌다리가 아니더라도 두들겨 볼 여유가 없다. 그러니까, 사고가 난다.

28만 원이 4만 원이 되었다. 광주 건물 붕괴 사고를 조사하니, 업체 A는 평당(3.3m²당) 28만 원의 처리 비용을 받았다. 이게 B로 넘어가고, 다시 C로 가면서 85%나 쪼그라들어 4만 원이 되었다. 공사가 무리하게 진행될 수밖에 없었다. 처음에 제출된 해체 계획서의 방법을 따르려면 평당 4만 원으로는 어림도 없는 일이다. 5층짜리 건물을 해체할 땐 위에서부터 부수고, 치우고, 부수고, 치우고 해야 한다. 하지만 시간을 아끼기 위해 1층의 기둥을 부숴 건물이 중심을 잃고 저절로 무너지도록 한다. 업계 용어로 '꺾기'라고 하는데 4~5일 걸릴 일이 하루 만에 처리된다. 광주의 건물도 그 방법으로 철거되다가 예상하지 않은 방향으로 무너졌을 뿐이다. 예측이 아예 불가능하진 않았을 거다. 하지만 정교하게 현장을 살펴볼 전문가를 고용할 여력이 없다. 임금이 낮고 현장은 위험하니, 숙련된 노동자들이 외면하는 것은 당연하다. 안전 불감증이라고들 하는데, '불감'하다고 느낄 사람도 없고 느낀들 대수롭지 않게 여겨야만 그나마 현장이 굴러간다. 사고는 인재지만, 그 인재가 사회와 무관한 경우는 없다.

정규직과 비정규직의 목숨값은 달랐다

사람이 기계 속으로 말려 들어가 몸이 분리되어 사망한다. 사람 몸이 레고 블록이 아니니, 실제 현장은 '분리'라는 단어로 온화하게 표현할 수준이 아닐 거다. 그런 일이, 조선 시대도 아니고 2018년도에 세계 10위권 경제 대국이자 와이파이가 안 터지는 곳이 없다는 국가에서 버젓이 발생했다. 지문으로 입출금을 하는 디지털 세상에, 기계가 사람의 위험을 감지하고 자동으로 멈추는 시스템 따위는 없었다. 끔찍한 건 이런 사고가 비일비재하다는 것이고, 이 사고는 좀 더 끔찍했기에 사회적 관심으로 이어졌을 뿐이다. 여기서 사회를 보는 두 갈래가 선명하게 구분된다. 누구는 이 상황을 그대로 내버려 둘 것인가 묻지만, 누구는 어쩔 수 없다면서 아무것도 묻지 않는다. 이 두 갈래는 그저 다양한 시선이라고 할 수 없다. 전자가 옳고, 후자는 틀렸다. 전자가 불가능한 사회, 후자를 유도하는 사회 모두 나쁜 사회다.

1994년 12월 6일 태어난 김용균 씨는 2018년 12월 10일에 사망했다. 첫 직장에서 입사 3개월 만에 변을 당했다. 그는 화력 발전소에서 일하는 하청업체 직원이었다. 발전소에서 일하지만, 발전소 직원은 아니었다. 그곳 직원이 아니라 원청(한국서부발전)의 지시를 수행하는 하청업체 비정규직 근로자였다. 월급은 220만 원이었다.

업무는 석탄을 운송하는 컨베이어 벨트에 석탄 가루가 끼여 있는지를 확인하고 조치가 필요한지 아닌지를 발전소에 알리는 일이었다. 근무 환경은 열악했다. 상태를 보고하는 순찰 임무만을 해야 했지만, 그는 삽을 들고 석탄 가루를 제거했다. 입사 3개월 차인 비정규직 근로자라면 그 일이 누구 업무인지 따질 수 없었을 것이다. 좀 치워 달라는 부탁, 그것도 원청의 부탁을 하청업체의 어린 직원이 싫다면서 대꾸하긴 불가능하다. 아마 수차례 "이런 상황인데 제가 치우겠습니다."라고 보고하면서 사회생활 잘한다고 칭찬도 받았을 거다. 성실하고 책임감 강한 사람으로 평가받으면서 점점 위험한 일도 마다하지 않는 것에 익숙해졌을 거다.

이게 그 바닥의 생존 전략이다. 시간을 줄이고 비용을 아껴야만 하는 게 기본값이 된 이들은 안전하지 않아도 몸이 일단 움직인다. 장비가 오기까지를 기다려야 하지만 괜히 몸으로 밀어 보고, 기계를 멈추었다 다시 가동하는 시간이 아까워 절대 발을 딛지 않아야 하는 공간에 진입한다. 그렇게 몸이 자동적으로 움직이도록 길들어져 있다. 노동을 하다가도 위험 앞에서 멈칫거릴 자율은 누구에게나 있어야 하지만 어떤 사람들에겐 없다.

지급된 랜턴은 고장이 났고 김용균 씨는 휴대전화 플래시를 켜고 어두운 곳을 돌아다녔다. 그리고 컨베이어 벨트의 바퀴가 제대로 돌아가는지 확인하고자 마찰음을 듣기 위해 몸을 숙여 기계 가까이 갔다. 숙련된 노동자도 위험하다며 꺼리는 일을 그는 고작 5일간 교육받고 수행했다. 너무 위험하니 대충 소리를 들어 보고 넘어갈 만도 한데, 이 성실한 '하청업체 비정규직 근로자'는 정확히 문제를 파악하고 싶었나 보다. 그래서 한 걸음 더 발을 움직였고, 엄청난 속도로 돌아가는 기계에 빨려 들어갔다. 김용균 씨 어머니가 시신을 발견한 동료로부터 전해 들은 상황이다. "머리는 이쪽에, 몸체는 저쪽에, 등은 갈라져서 타 버리고, 타 버린 채 벨트에 끼어 있다고 합니다."

2인 1조 근무는 존재하지도 않았다. 사람이 기계에 빨려 들어가도 발전소는 계속 돌아갔다. 시신이 발견될 때까지 무려 4시간이 걸렸다. 119에 신고하는 데 또 1시간이 걸렸다. 회사 매뉴얼이 그랬다. 산재 사고가 나면 일단 내부에 먼저 보고하고, 외부에 상황이 알려지는 것을 지체하는 일이 대한민국 산업 현장에서는 가능했고 만연했다. 회사와 친밀한 관계를 유지하는 병원으로 구급차가 아닌 자체 차량을 이용해 이동하는 경우가 태반이다. 사망 원인을 조금이라도 사측에 유리하게 만들려는 의도가 어찌 없다고 하겠는가.

김용균 씨 사건이 발생하자, 회사는 외부에 유출될 경우 회사에 불리하게 작용할 수 있는 내용 언급을 금지하는 긴급 교육을 하면서 노동자들에게 보안 각서를 받았다. 그런 곳이었으니

2010년부터 8년 동안 같은 발전소에서 12명의 하청 노동자가 추락, 매몰, 전복, 협착 등의 끔찍한 사고로 사망하지 않았겠는가. 노동자들은 끊임없이 안전장치 강화를 요구했지만, 늘 '비용이 많이 든다'는 사측의 답을 들어야 했다.

목숨값도 달랐다. 발전소 측은 노동자의 소속에 따라 사망 시 관리자 벌점을 다르게 책정했다. 발전소 정직원이 죽으면 1.5점의 벌점을 받지만, 하청업체 직원은 1점이었다. 이도 저도 아닌 평범한 일용직 건설 노동자는 고작 0.2점밖에 안 됐다. 본사 직원이 사망하면 12점, 하청업체 직원이 사망하면 4점의 기준을 둔 다른 화력발전소도 있었다.[8] 관리자 입장에서 하청업체 직원의 안전에 신경 쓰지 않는 것이 실용적이라는 뜻이니 참으로 무섭다.

서울 구의역, 강남역, 성수역 등에서 스크린도어를 수리하던 노동자가 사망한 이유도 마찬가지다. 승강기 정비를 하는 노동자가 2015년부터 5년간 37명이 사망한 까닭도 마찬가지다. 안전 수칙을 지키며 일하면 '저성과자'가 되는 구조에서는 불평불만 없이 묵묵히 일하다가 '정기적으로' 사람이 죽는다. 하지만 책임 소재가 불분명해서 재발 방지가 요원하다. 사측에서는 '개인의 업무 미숙'을 사망 원인으로 발표한다. 결국 나쁜 구조는 그대로, 아니 더 악화된다.

이것은 약육강식이다

유사한 사고는 매일 발생한다. '인명재천'(人命在天)이라고는 하지만, 산업 현장에서는 매일 예고된 죽음이 일어난다. 국내에서 일하다가 죽는 노동자들은 연간 2,000명 가까이 된다. 이 중 절반은 일하면서 얻은 질병으로 사망하고, 나머지 절반은 현장에서 사고로 목숨을 잃는다[2020년 기준 전체 산업재해 사망자 2,062명(질병 사망 1,180명, 사고 사망 882명)]. 인구 대비로 따지면 주요 선진국의 평균을 훌쩍 웃도는 수치다. 경제협력개발기구(OECD) 가입국을 놓고 비교했을 때 한국의 전체 노동자 10만 명당 산재 사고 사망자 수는 영국의 4배를 뛰어넘는다(2017년 기준).

사고가 발생하면 시스템의 악랄함이 선명하게 드러난다. 하청업체 직원이 사망하면 원청업체에서는 자신들과 사고가 무관하며, 계약관계에 따라 돈을 지급했을 뿐이라고 변명한다. 거절할 수 없는 구두 지시로 이루어진 업무 수행 중 사망해도 '공식적으로 시킨 적이 없다'고 발뺌하면 그만이다. 시키지 않아도 알아서 해야 하는 현장의 당연한 공기는 존재도 하지 않았던 것처럼 취급된다. 하청업체도 죽음을 책임지라며 원청에 격렬히 항의하지 않는다. 그래야만 기존 계약이 유지되지 않겠는가. 하청업체는 자기 회사의 노동자가 위험에 놓인 상황을 보고만 있었냐는 비판에도, 자기네 시설물이 아니라서 조치할 수 없었다는 핑계로 책임을 회피한다. 그러니 솜방망이 처벌이 따를 뿐이다. 사람이 죽어도 산재 사고를 책임지는 사람은 없다. 2008년부터 2017년까지 총 10년간 산업안전보건법 위반은 4만 2,000여 건에 달했는데 그중 단 9건(0.02%)과 관련해서만 책임자가 구속되었다. 나머지는 대부분 벌금형이었고, 2016년 통계를 보면 그 금액도 평균 432만 원에 불과했다. 사망사고가 끊이지 않는 조선업의 경우, 행정기관이 부과한 과태료는 평균 126만 원 수준이었다(2013~2017년). 개선을 안 하는 게 회사는 이득이라는 말이다. 김훈 작가는 위험의 외주화를 이렇게 표현한다.

이윤은 나에게 불이익은 너에게, 안전은 나에게 죽음은 너에게, 건강은 나에게 골병은 너에게. 죽음, 위험, 골병은 따로 모아서 남에게. 이것은 생산력 강화가 아니고 경영합리화가 아니고 일자리창출이 아니다. 이것은 약육강식이다.[9]

영화 〈나는 나를 해고하지 않는다〉(2021)는 노동 양극화를 선명하게 다룬다. 회사에서 쫓겨나듯이 하청업체로 파견 명령을 받은 주인공 정은(유다인 분)은 자신이 지방의 별 볼 일 없는 곳에서 일하는 걸 못마땅하게 여긴다. 얼마나 하찮게 생각하는지, 발령받은 첫날부터 술에 취해 출근하면서도 하나도 부끄러운 줄 모른다. 자신보다 스무 살은 나이가 많아 보이는 현장 소장에게 술에 취한 채 명함을 내밀 수 있는 건 본인이 본사 직원이기에 가능하지 않았을까. 정은은 자신의 명령을 수행하던 사람들의 열악한 현실에 놀란다. 작업 장비를 노동자 스스로 구비해야 하는 황당함에 경악하고, 아르바이트를 병행해야 겨우 가족을 부양할 수 있는 현실을 살아가는 사람들을 보며 세상이 굉장히 잘못되었음을 인지한다. 본사 직원들의 성과급이 커질수록 하청업체 노동자들의 삶은 더 팍팍해지는 꼴이니 말이다.

정은은 현장 일을 배우기 위해 노력한다. 하청업체 직원 '막내'(오정세 분)는 투박하지만 정성껏 정은을 대한다. 그런 막내가 송신탑 위에서 추락하여 사망하자, 본사(원청)에서는 빨리 사고를 덮으려고 유족인 어린 자녀를 회유한다. 정은은 본사의 뻔뻔한 태도에 화를 내다가 본사 직원들에게 손찌검을 당하지만 끝까지 일을 포기하지 않는다. 그건 지는 거니까.

인상적인 장면을 꼽으라면 하청업체 직원들이 열악한 환경에서도 작업 전에 함께 모여 손을 모아 '안전제일'을 외치는 순간을 말하고 싶다. 외치기는 외치지만 목소리에는 힘이 없고 자세는 흐느적거린다. 안전이 중요한 건 알지만, 실제는 전혀 중요하게 다뤄지지 않는다는 걸 본인들이 너무나도 잘 알고 있는 듯보인다. 그러니 그 구호는 무엇보다 안전이 제일 중요하다면서 기본에 충실하자는 게 아니라, 오늘도 운 좋게 살아남자는 불확실한 기도에 불과하다. 안전제일이라는 말만 껍데기처럼 남은 곳에서 일을 하는 분노와, 이 일이 아니면 아르바이트를 전전해야 하는 짜증이 섞인 무기력함이랄까. 이들에게 "근로조건의 기준은 인간의 존엄성을 보장하도록 법률로 정한다."라는 헌법 제32조 제3항은 초현실적 판타지이니 말이다.

동료와 보너스 사이

관리자는 비용을 절감해서 이윤을 증가시킬 생각에 몰두한다. 어느 날 공장에 '노동자들의 식사 시간을 최대한 단축하는 효과'가 있다는 상품을 판매하는 사람이 방문한다. 그는 기계를 통해 순서대로 음식을 먹으면 식사 시간이 단축되어 생산성이 획기적으로 높아진다며 테스트를 제안한다. 기계는 놀라웠고 인간은 처참했다. 사람의 손발은 고정되고, 로봇 팔은 수프와 옥수수를 노동자의 입에 강제로 집어넣는다. 노동자들은 아무리 목이 말라도 기계가 물을 줄 때만 마실 수 있다. 휴지 한 장을 사용하는 것도 입 주변을 닦는 것도 사람이 원할 때가 아니라, 기계의 순서에 따라 이루어진다.

판매자는 이를 '효율적'이라고 말한다. 그런데 기계가 고장이 나 멋대로 움직이는 일이 일어난다. 밥 한번 먹으려다 사람이 다치게 될 지경에 이르고, 난장판이 되자 사장은 이 말을 남기며 구매를 거부한다. "좋은 제품이 아니군. 실용적이지 않아.(It's no good—It isn't practical.)"

　사장의 상품 구매 거부 이유는 사람에게 위험해서도, 인간이 비참해져서도 아니다. 밥 먹는 인간의 본능까지 간섭할 수 없다는 뜻도 아니다. 실용적이면 사용하겠으나 그 기계를 도입하면 돈이 더 들어가니까 안 된다는 것이다.

　찰리 채플린의 영화 〈모던 타임즈〉(1936)의 한 장면이다. 자본주의의 무서움, 노동자의 무기력함을 탁월히 묘사했다는 평가를 받는 영화이기에 나 역시 출근하는 노동자들을 양 떼와 비교한 오프닝, 반복 노동을 하면서 성가신 파리 한 마리 쫓지 못하는 노동자의 안쓰러운 모습 등을 다른 책에서 언급했다. 공산주의자로 낙인찍힌 채플린이 1952년에 미국에서 추방되었다는 사실도 곁들여서 말이다. It isn't practical, 이 표현은 비용 절감을 이유로 사람값을 터무니없이 깎는 지금의 현실과 너무도 어울린다. 실용이라는 말은 '효율', '유연성' 등의 단어와 함께 시대정신인 양 확장되었는데, 이런 분위기는 노동 양극화를 많은 사람들이 어쩔 수 없는 것, 당연한 것으로 여기게끔 했다.

　당대의 중요한 사회문제를 포착해 있는 그대로 화면에 옮긴다는 평가를 받으며 칸영화제 황금종려상을 두 번이나 수상한 벨기에의 감독 장 피에르 다르덴·뤽 다르덴 형제의 영화 〈내일을 위한 시간〉(2014)은 〈모던 타임즈〉의 주제를 진화시켜 다룬다. 원제는 'Deux jours, une nuit'인데 영어로 'Two Days,

One Night', 즉 1박 2일이라는 뜻이다. 주인공 산드라(마리옹 꼬 띠아르 분)는 우울증 치료를 위해 휴직을 하고 치료에 전념한다. 복직을 앞두고 그는 청천벽력 같은 소식을 듣는다. 회사가 직원 들에게 산드라의 복직을 반대하면 1,000유로의 보너스를 지급 하기로 했는데 동료들이 보너스를 선택했기 때문이다. 하지만 투표 과정에서 문제점이 드러나고, 산드라는 월요일에 재투표 를 하기로 간신히 약속받는다. 투표까지 주어진 시간은 원제의 표현대로 1박 2일뿐. 산드라는 주말 동안 16명의 동료를 찾아가 보너스 대신 자신을 선택해 달라고 간절히 말한다. 예능 프로그 램 〈1박 2일〉과는 차원이 다른, 아니 어찌 보면 복불복 게임을 하는 것이니 유사한 문제에 맞닥뜨린 셈이다. 다짜고짜 자신을 선택해 달라며 옥박지를 수도 없기에, 산드라는 인생에서 가장 절박한 1박 2일을 보낸다. 한국판 영화 제목인 '내일을 위한 시 간'은 내일(tomorrow) 출근해서 내 일(my job)을 하겠다는 평범한 노동자의 의지를 중의적으로 보여 주는 훌륭한 의역이다.

　설득은 쉽지 않다. 150만 원도 되지 않는 1,000유로가 동료 의 복직보다 중요하다는 사람이 많다. 누구에게는 1년치 공과금 이고, 자녀 학비다. 그런 것이 아니더라도 개개인마다 돈이 필요 한 이유는 무수하다. 결국 산드라는 한 표 차이로 복직에 실패 한다(8 대 8로 딱 절반의 표를 얻어 과반을 넘지 못했다). 하지만 생각보 다 보너스를 거부한 사람이 많았음에 부담을 느낀 회사는 모두에게 보너스도 주고 산드라도 다시 일할 수 있게끔 한다. 다만, 계약직 직원의 계약이 끝나는 몇 개월 후에 출근하라는 조건을 단다. 한 명을 복직시키는 대신 한 명을 해고하겠다는 회사의 입장이었다. 어떻게든 비용 절감을 하겠다는 뜻이다. 16명의 동료를 설득하기 위해 1박 2일 동안 던졌던 '해고는 부당하지 않은가' 하는 질문을 스스로에게 하게 된 주인공은 잠시 갈등한다. 하지만 딜레마의 늪에 오래 빠지지 않고 가장 인간적인 결정을 내리며 후회하지 않는다.

현실은 어떠할까? 영화처럼 야비한 질문을 직접적으로 던지는 경우는 드물겠지만 직장에서 그토록 강요하는 이윤은 누군가가 목숨을 건 대가로, 담보로 발생한다. 노동자들의 안전을 보장하고 제대로 된 대우를 하자고 하면 누구든 동의한다. 그러나 "성과급을 줄이고 하청업체 몫을 늘리는 데 찬성하시나요?"라는 질문에는, 노동자들이 어떤 위치에 있느냐에 따라 다른 답이 나올 것이 쉽게 예측된다. 위험의 외주화는, 누군가에게는 위험이지만 누군가에는 엄청난 이득이다. 이처럼 산업구조의 변화는 함께 을이었던 노동자들을 병, 정, 무로 더 세분화시키며 연대를 무용하게 만들었다.

김용균 씨 어머니는 "너를 비록 살릴 수는 없지만, 다른 사람이 우리처럼 삶이 파괴되는 것을 막고 싶다."라는 말과 함께 관련 법안의 정비를 강력하게 요청했다. 그래서 '중대재해 처벌

등에 관한 법률'(중대재해처벌법)이 만들어졌다. 안전 관리 의무 조항을 강화하는 한편, 일을 하다 노동자가 다쳤을 때 기업에 대한 책임을 더 강하게 묻자는 취지인데, 2021년 1월 26일 제정되어 2022년 1월 27일부터 시행되었다. 50인 미만 사업장의 경우에는 공포 3년 후부터 시행되고 5인 미만 사업장에서 일을 하는 350만 명에게는 아예 적용이 안 되니 어떤 죽음은 왜 개죽음이어야 하냐는 한탄이 가득하지만, 여기까지도 일부 국회의원들이 법안 통과를 위해 단식 농성을 하고 노동운동가들이 삭발을 할 정도로 우여곡절이 많았다. 기업 쪽 의중을 중요시 여기는 사람들의 반대가 심했기 때문이다.

그런데 세상은 이 반대에 관대하다. 윤석열 대통령은 후보 시절 산업재해 현장을 찾아가 '이건 개인 실수'라는 말을 서슴없이 했다. 이 발언이 당선에 별 영향을 주지도 않았다. 일부 정치권과 언론들은 중대재해처벌법이 '없어서' 어떤 일이 벌어졌는지에 대한 고민은 없고 '있으면' 이러쿵저러쿵 다른 문제가 발생할 수 있다는 말만 반복한다. 하지만 그 문제가 사람이 한 명이라도 덜 죽을 수 있는 이득과 비교할 수 있는 성질인지 의문이다. 이런 인식이 사람과 보너스 중 하나를 택하라는 것과 무엇이 다를까? 억울하면 출세하라는 말만 넘쳐 나는 곳에서 억울한 죽음은 참으로 서글프다.

멈출 줄 모르는 '죽음의 외주화'

영화 〈나는 나를 해고하지 않는다〉와 판박이 사건이 발생했다. 2021년 11월 5일, 전기 연결 작업을 위해 전신주에 오른 한국전력 하청업체 노동자 김다운 씨는 2만 2,900볼트 특고압 전류에 감전되었다. 머리에 불이 붙었고 의식이 없는 채로 무려 30분이나 공중에 매달려 있었다. 2인 1조 작업이 지켜지지 않아 사고를 신고해 줄 사람도, 빨리 전기를 차단할 사람도 없어서 구조가 지연되었다. 고압 전류로부터 탑승자를 보호하는 활선 차량도 없이 맨몸으로 올라가 도무지 장비라고는 말할 수 없는 면장갑으로 작업을 하던 38세 노동자는 온몸에 3도 화상을 입어 병원에서 '60대 추정 남자'로 분류되었다. 김다운 씨는 11월 24일 세상을 떠났다. 그는 인터넷 쇼핑몰 장바구니에 '지급받지 못한' 39만 원짜리 절연 장갑을 담아만 두고 있었다.

이 끔찍한 사고는 40여 일이 지나서야 세상에 알려졌다.

재난안전 전문 매체 《세이프타임즈》가 2021년 12월 27일에 최초 보도를 했고 다음 해 초 MBC가 집중적으로 다루며 여러 언론의 관심이 쏟아지자, 한국전력은 그제야 슬그머니 사과한다. 사고가 난 지 66일 만이었다. 그것도 유족에게 직접 한 것도 아니었고 자신들은 발주처에 불과하다는 애매모호한 입장을 취하며 안전 관리 책임에 대해서는 선을 그었다.

故 김다운 씨 같은 하청업체 전기 노동자들이 소속된 전국건설노동조합의 추모 성명이다. "2015년부터 7년간 전기 노동자 47명이 떨어져 죽고, 감전돼 죽었다. 죽음의 행렬은 왜 멈출 줄 모르는가."[10]

"절대적 환대는
보답을 요구하지 않는 환대이다."[11]

— 인류학자 김현경

일가족이 죽어도 별수 없다

— 가난이 죄책감이 되지 않기를¶, 故 성북 네 모녀 —

돈가스가 뭐라고

나는 급식 세대가 아니다. 매일 도시락을 들고 학교를 다녔다. 당시 중학교의 점심시간은 전쟁터였다. 선생님과 교실에서 함께 식사했던 초등학교 시절과 달리 학생들은 돌아다니며 밥을 먹었다. 자기 반찬 통은 책상 위에 두고 더 맛있는 반찬을 찾는 하이에나들이 여럿이었다. 그때, 한쪽에서 "돈가스다!"라는 외침이 들리면 여러 명이 우당탕탕거리며 순식간에 모여든다.

¶   성북 네 모녀의 무연고 장례식장에 붙은 포스트잇에 적힌 글귀였다(천민아 기자, 「성북 네 모녀, 무연고 장례…마지막은 외롭지 않았다」《뉴시스》, 2019. 12. 10.). 가난을 구원의 대상으로 여기는 선별적 복지 패러다임은 살아남으려면 끊임없이 자신의 비루함을 증명하길 개인에게 강요한다. 생존을 위해 매번 스스로의 존엄성을 파괴해야 한다면 그 끝엔 무엇이 기다리고 있을까?

사람을 묘사하기엔 부적절한 표현일지 모르겠으나 공원에서 과자 부스러기 주변으로 일순간에 다가오는 비둘기 떼, 빵 조각에 몰려드는 연못 안 물고기의 모습과 흡사했다.

자신 앞으로 몰려든 간절한 눈빛의 군중을 지긋이 바라보는 걸 즐기는 친구도 있었다. 적당한 인원이 몰리면 그제야 반찬 통을 열어 준다. 밥 달라면서 안절부절못하는 강아지들을 대하는 느긋한 주인의 모습이랄까. 돈가스 따위는 대단치 않으니 너희들이나 먹으라는 자비로움을 보여 주는 아무개의 모습은 가진 자의 여유 자체였다. 하지만 특별한 날에만, 그것도 작은 반찬 통 세 칸 중 한쪽에 은색 호일로 미니 돈가스 몇 점을 포장해 오는 다른 아무개도 있다. 어떻게든 혼자 먹어 보려고 주변의 동태를 살펴본들 소용없다. 적들이 너무 많다. 다섯, 여섯 조각 돈가스가 사라지는 건 수 초면 충분하다. 여유가 없는 자는 이럴 때 시무룩해진다. 돈가스가 매일 먹는 음식이 아닌 사람에게는 참으로 허탈한 순간이었으리라.

하지만 괜찮다. 한번 베풀었으니 누군가의 맛난 반찬에 젓가락을 들이밀 권한이 생겼다. 나름 교실의 법칙이었다. 타인의 반찬 통에 침범하는 무례함은 자신도 무엇을 공유했기에 가능했다. 항상 김치와 깻잎 무침이 반찬의 전부였던 친구도 있다는 거다. 아이들은 고기반찬에 슬쩍 손을 내미는 그 녀석에게 한소리를 하곤 했다. "야! 사람이 양심이 있어야지!"

도시락 세대의 학창 시절 추억은 종종 즐거웠던 어린 시절로 소환되지만, 생각해 보면 날것 그대로가 고스란히 드러나는 정글이나 다름없었다. 반찬 사수와 포획의 격렬함을 말하는 게 아니라, 집안 사정에 따라 다를 수밖에 없는 식재료 수준을 매일 공개해야 하는 그 잔인함을 누구도 대수롭지 않게 여겼다. 모두가 평등하게 가난했던 시대에는 도시락을 싸올 수 있느냐 없느냐로 서로의 다른 상황이 공개되었을 거고 일부가 중산층으로 맹렬하게 진입하던 시대에는 반찬도 양극화되었다. 자녀를 사랑하면 아무렇게나 반찬을 담아 주지 않는다고 말할지도 모르겠으나, 매일을 그것도 자녀 수에 따라 준비해야 하는 엄연한 현실에 집안의 경제력이 영향을 끼치지 않는다는 건 불가능하다. 심지어 도시락 모양부터가 구별되었다. 하긴, 내가 초등학교를 다니던 1980년대만 하더라도 겨울에 보온 도시락을 들고 다니는 게 보편적인 건 아니었으니 말이다. 말 그대로 찬밥 더운밥이 가려졌다.

급식은 이 모든 격차를 단번에 해결했다. 모두가 같은 밥과 반찬을 먹는다. 먹고 싶은 걸 먹는 게 자유라고 외칠 이들도 있겠으나, '골고루 영양 섭취'라는 더 중요한 목표가 중요했기에 논란은 없었다. 학교마다 공개되는 급식 메뉴를 쭉 읽어 보면 이걸 집에서 도시락으로 준비한다는 건 불가능하다는 걸 누구나 안다. 내가 학교를 다닐 때에 비하면 급식이라는 변수 덕택에 학교 내에서의 불평등이 일정 부분 완화된 건 분명한 사실이다. 돈가스 따위가 인간의 가슴을 후벼 파지는 않게 되었으니 말이다.

하지만 급식비가 존재하는 한 미완의 완성이었다. 비교적 합리적인 비용이라 할지라도, 어디까지나 비싸지 않다는 것이지 그조차도 부담스러운 이들은 존재하기 마련이다. 이를 해결하기 위한 여러 노력이 있었지만 어떤 경우에도 '누가 급식비를 못 내는 형편인지'를 어떤 방법으로든 알아내야만 했다. 이 기준은 '급식비도 못 내는 사람'이라는 말도 등장시켰다. 누구는 스스로의 형편을 안타깝게 표현하면서, 누구는 타인의 가난을 조롱하면서 급식비를 언급했다.

점심시간의 불평등은 무상급식이 도입되고서야 해결되었다. 2000년대 초반부터 지역 곳곳에서 무상급식이 시작되다가 2010년에는 전국적인 무상급식 요구가 거셌다. 당시 서울 시장이 이를 반대하며 시장직을 걸고 무상급식 찬반 주민투표를 했다가 사퇴를 할 정도로 화제였다. 새로운 시장의 결정에 따라 2011년부터 서울의 공립초등학교 5~6학년을 대상으로 무상급식이 실시되었다. 다음 해에는 공립초등학교 전체와 중학교 1학년까지 확대되었고 2014년에는 중학교 전체, 2021년에는 서울의 모든 초·중·고에서 무상급식이 실시되었다. 사실상 대한민국의 학교 전체에서 급식비를 별도로 내는 일이 없어지면서 누굴 선택해서 얼마를 지원해야 하는지를 따질 필요도 없어졌다.

급식비를 못 내는 사람을 찾지 말고, 누구나 제약 없이 밥을 먹을 수 있도록 하자는 취지에 대해 공산주의 운운하는 거친 반론도 있었지만 대한민국은 여전히 자유민주주의 국가로 잘 돌아가고 있다. 재벌 집안의 손자 손녀들이 돈 안 내고 밥 먹는 게 말이 되냐는 주장도 있었지만 '그래서' 무상급식이 필요했던 거다. 최소한 학생들의 세계에서는 '너는 부자가 내 준 돈으로 공짜로 밥 먹는다'는 낙인과 멸시가 줄어들었으니 말이다. 집에 돈이 아무리 많아도 '내 덕에 네가 밥 먹는다'면서 우월 의식에 찌드는 게 구조적으로 어려워졌다. 반대로 도움을 받는다는 부채 의식에 지나치게 겸손해야 할 필요도 없어졌다.

대상자를 선별하라, 끝없이 의심하라!

살면서 이런 덕담 많이 듣거나 했을 거다. 성실해라. 무슨 일을 하더라도 자부심을 품고 살아라. 그리고 베풀어라. 아무리 바쁘고 힘들더라도 다른 사람의 고통을 외면해선 안 된다. 상식적인 말이니까 누구나 부담 없이 꺼내는 것이겠지만, 이 상식을 지키는 게 쉽지 않으니 몇 번이나 반복한다. 실제 이 세상은, 아니 세상까진 모르겠다만 최소한 한국에서는 무슨 일을 하느냐에 따라서 자존감이 땅끝으로 떨어질 수도 있다. 자신이 바쁘고 힘들면, 아무리 다른 사람이 고통스럽더라도 외면하게 된다. 그러니 저 덕담은 무슨 일에도 자부심을 지킬 수 있는 사회, 너무 바쁘지 않은 사회에서 실천 가능하다.

나는 사회의 존재 이유를 상식을 지킬 토대를 개인에게 제공하는 것이라 생각한다. 홍익인간 정신이 널리 퍼지기 위해서는, 사람이 사람을 사랑하는 것과 더불어 국가에 대한 믿음이 필요하다. 국가가 모두에게 부귀영화를 보장해 주는 건 아니지만 '누구라도' 깊은 수렁에 빠지지 않게 지켜 줄 것이라는 견고한 믿음 말이다. 이게 없다면 사람들은 '각자도생'이라는 위험하고 차가운 철학으로 살 수밖에 없다.

평생 목수로 성실히 일하면서 이웃이 어려움에 처했을 때 도움을 마다하지 않고 살아온 착한 남자가 있다. 그는 나이가 들어 심장질환이 생겼고, 결국 병이 악화해 더는 일하기가 어려워진다. 남자는 국가에 질병수당을 신청하고자 한다. 하지만 관공서 전화가 연결되는 데만 한 시간이 넘게 걸린다. 일을 해야만 먹고사는 사람이 일을 못하게 되었다는 건 정말로 아프다는 것인데, 담당자는 아픈 게 맞는지 확인하겠다면서 괴상한 질문만 한다. 손을 들 수 있냐, 앉고 일어설 수 있냐 등등. 그러면서 아직 죽을병이 아니니 수당 대상자가 아니라고 단정한다. "저희 쪽 의료 전문가의 견해로는 취업이 가능합니다." 꾀병 부리지 말라는 소리나 마찬가지다.

그래도 살아야 하니, 이번에는 실업수당을 청구한다. 하지만 서류 절차는 복잡하다. 게다가 컴퓨터로 접수를 받으니 연필 사용 세대인 그에게는 너무 가혹한 일이다. '오류가 났다'는 반복된 메시지 앞에서 그는 발만 동동 구른다. 한 직원이 이를 돕자, 상급자는 나쁜 선례를 남기지 말라면서 직원을 질책한다. 심사관은 구직 활동 중이라는 걸 구체적으로 보여 주지 않으면 지원 대상에서 제외할 것이라고 엄포를 놓는다. 공무원들은 남자를 끊임없이 의심한다. 자격도 없으면서 돈만 받으려고 하는 파렴치한 인간인지 아닌지를, 마치 너 같은 인간은 다 상식 이하 아니냐는 표정으로.

영화 〈나, 다니엘 블레이크〉(I, Daniel Blake, 2016)의 내용이다. 이 영화는 선별적 복지 제도의 문제점을 적나라하게 비판했다는 평가와 함께 2016년 제69회 칸영화제 황금종려상을 받았다. 이야기의 배경인 영국은 1601년 '빈민법'(Poor Law)을 제정했을 정도로 세계에서 사회복지의 개념을 가장 먼저 정립한 나라다. 1946년부터는 NHS(National Health Service)라고 불리는 무상 의료 시스템을 운영하고 있다. 하지만 이런 기조는 끊임없는 논란을 낳았는데, 사람들이 일을 하지 않고 복지 제도에 지나치게 의존해서 살아간다는 주장이 대표적이다. 이런 분위기는 보편적 복지가 적용되지 않는 영역, 그러니까 사람을 선별해서 지원을 하는 분야의 심사 과정을 엄격하게 만들었다. 더 철두철미하게 선별해서 자격이 되는 이들에게만 선택적으로 복지를 제공하자는 것이다. 그러니 (자격도 없으면서 수혜를 받으려는) '나쁜' 사람을 찾는 필터에서 걸러지지 않는 사람에게만 혜택이 가도록 문턱이 존재할 수밖에 없다. 복지 서비스가 꼭 필요한 약자들이 제대로 된 혜택을 받기 위한 과정이라는 이 시스템은, 당사자 입장에서는 사람을 도와주겠다는 것인지 나쁜 사람을 찾아내겠다는 것인지 분간이 되지 않는다. 그 과정에서 복지 제도 자체가 개인의 자존감을 짓밟는다.

주인공 다니엘 블레이크(데이브 존스 분)는 자신의 문제만으로도 힘든 상황이지만 이웃의 청을 거절하지 않고 돕는다. 어떤 경우라도 인간답게 살아야 한다며, 벼랑 끝에서 그릇된 유혹에 흔들리는 주변 사람들을 격려한다. 하지만 실업수당마저 받을 수 없게 된 다니엘은 점점 궁지에 몰린다. 냉골이 된 집 안에서 문을 걸어 잠그고 담요를 덮어쓴 채 하루하루를 버티던 힘든 시기, 다니엘만큼 힘들었고 다니엘에게 도움을 받았던 한 사람이 손을 내민다. 인간의 존엄성을 짓밟는 국가의 모습에 두 손 두 발 들려는 순간, 이웃의 도움으로 삶의 의지를 찾은 다니엘은 복지 수급 자격 심사를 다시 받기 위해 길을 나선다. 하지만 심사를 기다리는 도중, 질병수당을 받을 수준이 아니라고 했던 그 심장에 이상이 생겨 법원 화장실에서 쓰러져 결국 사망한다. 다니엘이 항고 재판 당일 읽으려 했던 글을, '그가 도왔고' '그를 도

왔던' 사람이 장례식장에서 낭독한다.

> "나는 게으름뱅이도 사기꾼도 거지도 도둑도 아닙니다. (…)
> 난 묵묵히 책임을 다해 떳떳하게 살았습니다. 난 굽실대지 않
> 았고 이웃이 어려우면 그들을 도왔습니다. 자선을 구걸하거
> 나 기대지도 않았습니다. 나는 다니엘 블레이크, 개가 아니라
> 인간입니다. 이에 나는 내 권리를 요구합니다. 인간적 존중을
> 요구합니다. 나, 다니엘 블레이크는 한 사람의 시민 그 이상도
> 그 이하도 아닙니다."

"힘들었어요. 하늘나라로 갑니다."

교통사고 같은 사건이 아니라면 일가족이 동시에 사망할
수 있을까? 전쟁 통에 폭격을 맞거나, 지진이나 산사태 등의 자
연재해가 발생한 경우가 아니라면 생각하기 쉽지 않다. '일가족
동반 자살'이라고 소개되는 사례들은 엄밀히 동반이라기보다는
생활고를 비관한 어른이 어린 자녀를 살해하고 스스로 목숨을
끊는 경우가 많다. 같은 생활고에 시달리고 있다 해도 성인으로
구성된 가족이라면 이야기가 달라진다. 모두가 동일한 이유로
고민하다가, 동일한 방법으로 생을 마감하는 위험한 결론에 다
다르기란 쉽지 않다. 어떻게 죽을지에 대해서 의견을 모으기가

어려운 것은 차치하고 아무리 힘든 상황이라도 이를 어떻게 받아들이는지, 미래를 얼마나 걱정하는지는 사람마다 다르기 때문이다. 그런데 우리 사회에서 이런 일이 종종 발생한다. 힘듦의 객관적 무게가 희망이라는 주관적 무게를 압도했기 때문일 거다.

2019년 11월, 서울 성북구의 한 다세대주택에서 악취가 풍겼다. 신고를 받고 출동한 경찰은 나란히 누운 채로 사망한 네 모녀를 발견한다. 70대 노모와 40대 딸들이었다. 외부 침입 흔적은 없었으며 서로가 다툰 정황도 발견되지 않았다. 무려 한 달 이상 방치된 상태였다. 살면서 수천 명을 만났을 사람들이고, 전화기에 수백 명의 이름이 저장되어 있을 나이였지만 아무도 이들의 사라짐을 걱정하지 않을 정도로 인간관계 자체가 없었다. 겨우 연락이 닿은 친척도 경제적 이유로 시신 처리를 거부해 이들은 '무연고 장례'를 치렀다. 유서는 짤막했지만 죽은 이유는 선명하게 드러나 있었다. "그동안 힘들었어요. 죄송합니다. 하늘나라로 갑니다."

모두가 동시에 죽을 생각을 할 정도로 힘들었지만, 그게 외부로 노출되지 않았다. 위험 징후를 사회 안전망이라는 레이더가 포착하지 못했다. 취약 계층이었으니 이런 안타까운 선택을 했겠지만, 이들은 공식적 취약 계층이 아니었다. 힘듦이 알려지고 증명되지 않으면 어떤 사회적 도움도 받기 힘든 한국의 복지

시스템에서는 어쩔 수 없다. 자신의 비참한 사정을 알려야 하는 용기와 그게 정말이냐는 모욕적인 질문에 답을 해야 하는 인내는, 마음만 먹는다고 가질 수 있는 게 아니다. 사람을 품어야 하는 시스템이, 사람들로부터 기피되는 이유다. 본인이 '신청'하지 않으면 공무원은 할 수 있는 일이 아무것도 없다. 기초생활수급자가 아닌 네 모녀는 1차 요주의 대상이 아니었다. 전기세가 밀리고 건강보험료도 납부하지 못했지만, 그 정도로는 공무원이 이들의 생사 걱정을 하긴 어렵다. 그럴 인력도 없다.

기준이 그랬다. 네 모녀 중 딸 두 명은 주얼리를 파는 자영업자였고 소득이 발생한 이상 기초생활수급자가 되는 건 쉽지 않았다. 매장에서 하던 사업이 잘되지 않아 온라인 쇼핑몰로 전환하고도 판매가 부진해 운영에 어려움을 겪었지만, '소득이 있으면'이라는 기준을 달리 해석할 이유가 되지 못했다. 이 상황에서 선별적 복지 시스템이 제공해 줄 건 아무것도 없다. 이 가정은 버티고 있었던 것이지 무탈한 게 아니었다. 한 번의 생활고가 도미노처럼 일상의 모든 영역을 무너트렸다.

성북 네 모녀 사건은 그로부터 5년 전인 2014년 2월에 발생한 서울 송파 세 모녀(60세 어머니, 35세 큰딸, 32세 작은딸) 사건과 겹쳐지며 많은 사람이 더 안타까워했다. 세 모녀의 어머니는 식당에서 일했고, 첫째는 지병으로 경제활동을 하지 못했다. 막내는 만화가 지망생이었는데 소득이 거의 없었다. 가난한 가정이었지만 어머니가 부양자로서 경제활동을 하고 있었기에 국가의 도움을 받을 수 없었다. 아울러 첫째의 지병이 아무것도 하지 못할 정도는 아니라는 판정을 받아 복지 제도 어디에도 이들이 기댈 곳은 없었다. 급기야 어머니가 몸을 다쳐 일을 못 나갈 상황이 되자, 한 가정이 순식간에 몰락했다. 빚이 많으니 병원에 쉽사리 가지 못하고, 아프니 일을 못하고, 결국 빚만 쌓여 갔다. 이들은 함께 세상을 등지면서도 밀린 공과금과 월세 70만 원을 봉투에 담아 집주인에게 메모를 남겼다. "마지막 집세와 공과금입니다. 정말 죄송합니다."

죽는 마당에 공과금이라니, 삶을 포기하는 순간까지 시민으로서의 의무를, 이웃으로서의 도리를 포기하지 않았던 셈이다. 세 모녀의 메모는 복지를, 어떤 것도 할 수 없는 인생 밑바닥까지 추락한 사람이라고 인정받는 사람들에게 밥 굶지 말라고 용돈 주는 정도로 생각해서는 안 된다는 메시지나 다름없었다. 서류만으로, 종이 위에 찍힌 몇 가지 숫자만으로 복지가 완성된다는 건 착각이라는 거다. 어떤 가난은 서류 몇 장으로, 단순한 숫자만으로 증명하기 힘들다. 송파구 세 모녀는 눈앞의 평범한 사람들이 실제로는 위태로운 상황일 수도 있음을, 시스템이 이들의 위기를 포착하지 못할 수도 있음을 깨닫게 했다.

당시 워낙 주목을 받은 사건이라 사회 시스템 정비가 제법 빠르게 이루어졌다. 지표를 더 다양하게 세분화해 레이더의 범위를 넓혔다. 복지 사각지대를 없애겠다는 목표 아래 체납, 단전, 가스 공급 중단 등 29개의 지표를 통해 가정의 위기를 파악했지만, 달라진 시스템으로도 5년 뒤 성북 네 모녀의 위험신호를 전혀 인지하지 못했다. 각종 공과금이 3개월 이상 체납되면 의심할 수 있는 시스템을 만들었는데, 네 모녀 가정은 2개월 째 연체 중이었기 때문이다.

얼음 밑에 빠진 사람만을 모아 '얼마나 젖었는지에 따라' 도움의 크기를 정하는 지금의 복지 제도는 살얼음판을 걷고 있는 위험천만한 가정을 제대로 발견할 수 없다. 복지 사각지대를 줄이려고 그물망을 촘촘히 하는 노력은, 어떻게 해도 다시 사각지대를 만들어 낸다. 소득 100만 원 이하를 지원한다는 게 소득 110만 원이 괜찮다는 소리는 아니니까.

보편적 복지를 이야기할 때가 되었다

일가족 동반 자살이라는 충격적인 일이 어쩌다가 한 번 있는 사건이라면, 이를 복지 시스템만의 문제라고 단정하긴 어렵다. 하지만 우리나라에서 생활고를 비관해 혼자가 아니라 가족과 함께 생을 마감하는 경우는 즐비하다. 성북 네 모녀와 송파 세 모녀가 주목받은 것은 모두가 성인이었기 때문이고, 미성년자 자녀와 부모가 함께 숨진 채 발견되었다는 뉴스는 별로 놀랍

지도 않다. 흔하기에, 이런 안타까운 죽음을 그저 별수 없는 세상의 한 조각 정도로 이해하는 사람들도 있다. 하지만 우리는 어떤 구조가 이런 혼합을 상시적으로 등장시키고 있는지 질문을 던져야 한다. 무슨 이유로 벼랑 끝에 몰리게 됐든, 죽지 않았다면 계속 살도록 사람을 돕는 게 사회의 존재 이유다.

취약 계층으로 인정받은 사람만을 돕는 선별적 복지 시스템에서는 자격 심사에서 살아남은 자만이 계속 삶을 유지할 수 있다. 생존을 위해 더 처절해지고 비굴해져야 하니, 자존감이 추락한다. 이런 과정이 싫어서 신청 자체를 포기하는 경우도 허다하다. 신청주의 복지 제도는 필연적으로 부정 수급자가 존재하고 또 이를 찾아내라는 민원이 빗발칠 수밖에 없다. 이 때문에 복지 대상자를 선별하고 검증하는 데 드는 비용이 더 낭비 아니냐는 지적이 등장한다.

성북동 네 모녀 사건은, 굽실거림을 전제하는 선별적 복지의 한계를 알렸고 보편적 복지 논쟁에 다시 불을 지폈다. 앞서 무상급식을 다루면서 이야기했듯이 보편적 복지는 10년 전부터 한국 사회의 화두가 되어 천천히 영역을 넓혀 가고 있지만 갈 길이 멀다. 그 이유는 사람들이 '보편적 복지의 필요성'을 현재의 선별적 복지 시스템을 완전히 갈아엎는 개념으로 받아들이면서 지나치게 걱정을 많이 하기 때문이다. 빈곤층에 대한 집중적 관심과 지원이 한순간에 사라진다고 생각을 하는데, 그렇지 않다. 보편적 복지 논의는 복지의 사각지대를 메울 방법을 다각도로 고민하자는 것이지, 기존의 모든 영역을 보편적 복지 형태로 바꾸자는 게 아니다.

보편적 복지란 일상의 '공공성'을 강화하지 않고서는 빈곤문제 해결이 불가능하다는 사실로부터 출발한다. 얼음에 빠진 사람을 구하는 노력만큼, 얼음판 두께를 탄탄하게 만드는 접근도 마찬가지로 중요하다는 것이다. 최저임금조차 받지 못하는 사람을 찾아내는 것보다, 최저임금을 현실적으로 인상하고 사업주가 이를 잘 준수할 환경을 만드는 일이 '무너지는' 사람을 줄일 수 있다는 논리다.

최근에 등장한 '기본소득' 논쟁도 주목할 만하다. 기본소득은 국민에게 어떤 자격도 묻지 않고 일정한 금액을 보장해 주는 소득이다. 굉장히 공격적인 사회보장제도이며 전 세계에서 다양한 방식으로 실험 중이다. 물론 재원 마련 방안과 실시했을 때의 부작용을 둘러싼 충분한 논의가 필요하고, 또 실험적인 정책인 만큼 이에 반대하는 목소리도 크다. 나 역시 기본소득이 보편적 복지의 상징처럼 소개되고 그것만 도입되면 국민 행복지수가 급상승될 것처럼 언급하는 데에 온전히 동의하지 않는다. 하지만 이 이슈가 왜 등장할 수밖에 없었는지를 따져 보는 건 또 다른 문제다. 바로 기존의 복지 시스템이 지닌 한계를 직시하자는 거다.

KBS 〈시사직격〉의 조사에 따르면 시신이 훼손될 정도로 부패한 채 발견된 고독사는 무려 4,196건이다(2020년). '외로운 죽음' 고독사는 과거에는 노인 세대의 문제처럼 언급되었지만, 이제는 30대 이하 청년층의 고독사 비율이 10%에 이를 정도로 급증했다. 그러니까, 이런 안타까운 문제를 줄여 나가기 위해서 무엇이라도 해 보자는 거다. 개인의 생계 수준이 10에서 1로 떨어졌음이 확인되면 2로 올려 주겠다는 게 선별적 복지의 근간이다. 하지만 10에서 1로 추락할 때 생계만 어려워지는 게 아니라 삶의 의지 자체가 무너진다. 어떤 이는 2, 3의 단계에서 이미 희망을 놓아 버리기에 1이 2가 되는 변화는 큰 의미가 없다. 하지만 4, 5의 상태에서 좀 더 버틸 수 있다면 스스로 6, 7을 향해 다시 발을 내디딜 확률도 높아진다. 기본소득도 이 연장선에 있기에, 방법의 효율성을 따질 수는 있겠지만 결코 이념적으로 재단되어선 안 된다. 기본소득은 생계 하한선 아래로 한 명씩 추락할 때마다 떨어진 사유가 타당한지 따져 가며 도와주자는 선별적 복지가 아니라, 한 명이라도 추락하는 걸 막자는 데 의의가 있다.

2021년 서울시의회는 '시민의 삶을 바꾼 최고의 조례'를 투표한 바가 있는데, 무상급식 조례가 1위로 선정되었다(정식 이름은 '친환경 학교 급식 등 지원에 관한 조례'로 2010년 12월 제정되었다). 단순히 학생들이 학교에서 점심 한 끼 든든하게 먹는다는 것 때문

에 시민들이 자신의 삶을 바꾼 경험이라고 이야기하지는 않았
을 거다. 사람들은 무상급식 논쟁을 통해 지금까지 당연하다고
만 여겼던 선별적 복지의 문제점을 이해했고, 보편적 복지가 왜
시대적 과제가 되었는지를 깨달았다. 제도 하나가 던진 질문이
이토록 철학적이었으니, 본인과 직접적인 관련이 있는지와 상
관없이 삶을 바꾼 경험으로 기억되지 않았겠는가. 대한민국 헌
법 제10조를 읊어 본다.

모든 국민은 인간으로서의 존엄과 가치를 가지며, 행복을 추
구할 권리를 가진다. 국가는 개인이 가지는 불가침의 기본적
인권을 확인하고 이를 보장할 의무를 진다.

아직 끝나지 않은 이야기,

아무도 이들의 죽음을 몰랐다

아무도 곁에 없이 맞이하는 외로운 죽음이 사회문제로 떠오른 것은 2000년대 들어서다. 홀로 임종해 뒤늦게 주검이 발견되는 '고독사', 사망 이후 시신을 인수할 가족을 찾을 수 없는 '무연고 사망'은 해마다 꾸준히 늘어나는 추세다.[1] 외롭게 죽은 이들은 대부분 질병이 있는 저소득층이다. 사람 사는 세상이니 고독사도 무연고 사망도 있을 수 있다. 하지만 그 수가 늘어나고 있다는 건 의아한 일이다. 평균수명이 늘어나고 암 완치율은 높아지는 게 명백한 현실인데, 어찌 세상과 단절된 채 제대로 된 치료도 받지 못하고 시름시름 앓다가 소리 소문 없이 죽어 가는 사람이 증가한단 말인가.

사회가 급변하고 있다. 변화의 속도가 빠르고 예기치 않

[1] 보건복지부 자료에 따르면 2012년 1,025명이던 무연고 사망자는 꾸준히 증가해 2021년 3,159명으로 3배 이상 증가했다. 고독사만 따로 집계하는 공식적인 통계는 아직 없으며, 보통 무연고자 사망 자료로 고독사 규모를 추정한다.

은 변수들이 등장한다. 그러니 어떤 시점을 근거로 고안한 사회정책은 그 효능이 떨어진다. 1인 가구는 오래전부터 등장했지만, 이렇게 빨리 늘어날지 몰랐다. '노인' 1인 가구라면 문제의 심각성은 배가 된다. 불과 30~40년 전만 하더라도 노인은 자녀 세대가 부양하는 걸 당연하게 여겼지만, 지금은 아니다. 인정(人情)이 사라져서가 아니라 사회구조가 그렇게 변했다.

이 와중에 바이러스가 등장하니 서로 만나기도 어렵다. 선별적 복지 시스템에서는 이런 변화가 있을 때마다 '누가 더 위험해졌는지'를 파악해야 한다. 소득이 50% 감소한 이들을 도우면, 당연히 "그럼 49% 감소된 이들은 괜찮다는 건가?"라는 질문이 나올 수밖에 없다. 모든 신호가, 기존 복지 제도에는 한계가 있음을 계속 표하고 있다. 추락하여 다리 부러진 사람을 도와주는 게 아닌, 누구라도 '추락하지 않을' 고민을 해야 함이 마땅하다.

"시장이 늘 공정하고, 용인 가능하고,
효율적인 결과를 가져다주리라는
믿음은 합리적이지 않다."[12]

— 2019년 노벨경제학상 수상자

아비지트 배너지Abhijit Banerjee·에스테르 뒤플로Esther Duflo

국가를 믿어도 별수 없다

— 내 몸이 증거다[¶], 故 가습기 살균제 사망자 ○○○○명 —

제재 없는 자유가 가능한가

2015년 8월 7일, 약리학자 프랜시스 올덤 켈시Frances Oldham
Kelsey가 101세의 나이로 사망하자 전 세계 언론들은 하나같이
'20세기 미국 여성 영웅'에 대한 추도사를 작성했다. 활약상은
유명하다. 1960년 9월, 미국 FDA(식품의약국) 신약 심사관이었던
켈시는 '케바돈'이라는 탈리도마이드(Thalidomide) 성분의 신약
사용을 승인해 달라는 서류를 검토하다 문제점을 발견하고 추
가 실험을 요구한다. 유럽에서는 수면 안정 및 입덧 방지 효과

[¶]　　　　가습기 살균자 피해자들이 외쳤던 말이다. 내 몸이 증거지만 증거로 인정받지 못
한 분노와 한이 응축되어 있다. 이들의 절규는 기업의 오만한 태도, 정부의 불성실한 조사, 언론
의 무딘 취재, 대중의 낮은 연대 의식 등이 복합적으로 피해자를 괴롭혔음을 선명히 보여 준다.

가 뛰어나다면서 1957년부터 콘테르간(Contergan)이란 이름으로 잘 팔리고 있었기에 제약 회사는 당황했다. 동물실험 결과 독성이 없었는데 무엇이 문제냐면서 따졌지만, 켈시 박사는 임신한 여성이 복용했을 경우 태아가 안전하다는 보장이 없다면서 꿈쩍도 하지 않았다.

그사이 탈리도마이드 부작용이 알려진다. 심장 및 뇌 질환 등 여러 증상이 있었는데, 무엇보다도 팔다리가 짧거나 없고 이목구비가 변형된 기형아, 이른바 '탈리도마이드 베이비'의 모습에 세계가 경악했다. 약이 판매된 5년간 50여 개 나라에서 1만 2,000명이 이렇게 태어났다. 켈시에게 '영웅'이라는 수식어가 붙는 건 당연했다.

자유는 제재 속에서 가능함을 증명한 사건이었다. 기업의 노력을 막는다, 자유로운 시장경제 질서를 훼손한다, 지나치게 깐깐한 공무원이 약의 도움을 필요로 하는 수많은 이들을 아프게 하고 있다 등 온갖 압박 속에서도 켈시는 '더 많은 이들의 자유'를 위해 기업의 자유를 엄격하게 제한했다. 켈시는 자유시장이라는 게, 모든 자유의 보장을 뜻하지 않는다는 걸 전 세계에 알렸다.

그런데 미국은 다른 나라로부터 들어오는 약은 의심했지만, 자국의 기업이 나쁜 짓을 하는 걸 막지 못했다. 대기업 듀폰(Dupont)이 인체와 환경에 유해한 화학물질 PFOA(Perfluorooctanoic Acid, 퍼플루오로옥타노익산)를 멋대로 사용했는데, 국가는 수십 년간 방치했다. PFOA는 테플론이라는 불소수지 코팅제의 핵심 원료로, 제2차 세계대전 때 탱크, 핵무기 등의 부식을 막는 용도로 쓰였다. 종전 후 듀폰은 이 효능을 우주복이나 포장지, 전자레인지 등에 활용했다. 특히 열에 강하고 미끌미끌한 특성 덕에 음식이 눌어붙지 않는 테플론 프라이팬은 엄청난 인기였다. 그런데 코팅 과정에서 접착제로 사용되는 PFOA가 문제였다. 테플론을 생산하는 노동자들은 메스꺼움과 고열에 시달렸고, 듀폰은 1960년대 들어 이 화학물질의 위험성을 일찌감치 인지했다. 하지만 이를 노동자들에게 알리지 않았으며, 잔여물을 강으로 방류했다.

문제는 곳곳에서 터졌다. PFOA를 다루는 노동자들이 기형아를 출산했고 인근 마을의 암 발병률이 치솟았다. 아이들의 치아는 변색되었고 가축들이 죽어 나갔다. 돌과 나무조차 변형되었다. 듀폰은 이 사실을 알면서도 쉬쉬했다. 은근슬쩍 여성 노동자를 생산 라인에서 제외시켰고, 심지어 정확한 원인이 궁금했는지 담배에 테플론 코팅을 입혀 노동자에게 몰래 지급하기도 했다.

영화 〈다크 워터스〉(Dark Waters, 2019)는 전 세계 150개국에 제품을 수출하는 듀폰사(社)의 거짓말을 무려 20년 동안(1998~2017년) 추적한 변호사 롭 빌럿Rob Bilott이라는 실존 인물의 활약상을 담은 이야기다. 영화에서 PFOA에 오염된 물을 마셨을 때의 위험성이 어느 정도냐는 빌럿의 질문에 전문가는 이렇게 답한다. "마신다고? 내가 타이어를 삼키면 어떻게 되겠나?" PFOA는 화학적으로 안정된 구조를 가지고 있는 탓에 잘 분해되지 않으며, 장기간 체내에 잔류한다. 미국인 99%가 혈액 속에 이 물질이 있다고 한다. 한국인들도 별반 다르지 않을 것이다. 1999년 6월 17일 자 《조선일보》 14면에는 "환경 친화 기업으로서 듀폰의 이미지를 한국민에게 심겠다"는 듀폰코리아 사장의 인터뷰가 등장한다. 친숙하게, 그들은 다가왔을 것이다. 듀폰은 '어디에나 있어'(It's everywhere)라는 문구로 제품의 인기를 강조했는데, 정말로 그들이 뿌린 독성 물질이 곳곳에 널린 세상에서 사람들이 살고 있던 셈이다.

기업이 법망을 피해 가며 소비자를 대상으로 생체실험을 했는데도 왜 제재받지 않았을까? 뛰는 놈 위에 나는 놈이라서? 아니다. 듀폰은 날 필요가 없었다. 잡는 사람이 없으니 뛰지도 않았다. 법망을 교묘하게 피해 갔다고 하지만, 망 자체가 전혀 촘촘하지 않았기에 수를 부릴 필요도 없었다. 자유시장경제에 대한 환상을 가진 사람들은 말한다. 기업이 왜 문제가 될 일을 하겠냐고, 독성 물질을 제대로 관리하지 않았다가는 소비자로부터 철퇴를 맞고 시장에서 퇴출될 건데 왜 그러겠냐고. 하지만 국가가 방관하면 가능하다. 기업의 추악한 민낯은 그렇게 날뛰어도 괜찮다는 신호를 준 국가의 한심한 민낯이기도 하다. 왜 그렇게 역정이냐고? 나만의 감정이 아니다. 〈다크 워터스〉를 본 한국인들은 끔찍한 사건을 떠올려야만 했다.

가습기에서 독가스가 나오다

1996년 7월, 서울의 대형병원에 원인 불명의 폐렴 증상을 보이는 소아 환자가 입원한다. 일반적인 폐렴보다 증상도 심했다. 기존의 매뉴얼대로 치료를 해도 회복이 잘 되지 않았다. 몇 년에 한 명 입원하는 드문 사례가 아니었다. 매년 어린아이 한두 명이 같은 증상으로 병원을 찾았다. 의심스러운 의사들은 2007년 2월까지의 사례를 모아 「특발성 간질성 폐렴 15례의 임상적 고찰」(대한소아알레르기호흡기학회)이라는 논문을 발표한다.

당시의 긴박한 상황은 '2006년 초에 유행한 소아 급성 간질성 폐렴'(대한소아청소년과학회)이라는 또 다른 논문 제목에서 느낄 수 있다. 15명이 입원해서 7명이나 사망했는데 원인을 알 수 없다는, 의사들이 가장 무서워하는 결론이었다. 사망률이 50%에 육박하는 급성 간질성 폐렴 환자가 속출하는 불길한 상황의 연속이었다. 의사들은 신종 바이러스일 수도 있다고 의심했지만 바이러스는 발견되지 않았다. 오리무중이었지만 단서가 될 만한 조각이 있었다. 그건 '봄'이었다. 봄이 되면, 그러니까 '건조한 겨울이 지나면' 중증 폐렴 환자가 나타났다.

이른 봄이던 2011년 3월, 서울아산병원에는 이상한 기운이 감돈다. 폐가 굳으며 호흡이 어려워진 환자가 7명이나 입원했고 1명은 별다른 치료도 받지 못하고 사망한다. 모두가 임신부와 출산 직후의 여성들이었다. 의사들은 원인을 고민했다. 왜 유독 한국에서만 이런 걸까? 한국만 특별하다는 건 질병의 원인이 이 사회에 있다는 것 아닌가. 4월 25일, 의료진은 질병관리본부에 이를 신고한다.

5월 11일, 질병관리본부는 급성 간질성 폐렴 6건 중 5건에서 바이러스가 검출되지 않았다고 발표한다. 이제 원인은 환자들의 삶 속에, 그러니까 환자가 살아온 한국 사회에 있음이 분명해졌다. 환자와 가족들을 상대로 역학조사가 진행되었다. 무엇을 먹고 마셨는지, 누구를 만났는지, 어떻게 놀았는지, 어디를 돌아다녔는지, 일거수일투족까지 확인, 또 확인한 역학조사 결과는 충격이었다.

그해 8월 31일, 원인 미상의 정체가 가습기 살균제로 밝혀졌다. 대조군과 비교하니 가습기 살균제를 사용한 집단에서 폐가 손상된 경우가 47.3배나 높았다. 살균 물질이 살해를 하고 있었던 거다. 마트에서 돈 주고 누구나 구매할 수 있는 제품이었으니 얼마나 황당한가. 11월 11일, 보건복지부는 가습기 살균제 강제 수거 명령을 내리고 사용 중단을 강력 권고한다. 하지만 소를 너무 많이 잃고 외양간을 고치게 되었다. 가습기 살균제는 이미 18년간 998만 개나 팔린 상태였다(사회적참사 특별조사위원회 집계).¶ 설문조사에 따르면 대한민국 국민의 22%가 가습기 살균제를 사용했다고 한다. 수치로 환산하면 1,087만 명에 이른다.[13]

피해자가 얼마나 될까? 2022년 3월 31일 현재 '가습기살균제피해 종합지원센터'(환경부 산하 한국환경산업기술원 운영)에 신고한 피해자는 7,685명이다(이 중 198명은 신청 철회). 이 가운데 사망자가 1,751명이다. 빙산의 일각이라는 게 학계의 입장이다. 피해 신고 기준으로 최초 사망자는 1995년에 발생했는데, 당시 1개월 아이를 잃은 어머니가 "아기가 태어나자마자 감기에 걸려 가습기를 밤낮으로 틀면서 가습기메이트를 썼다. 코가 누렇게 나와 입원시켰는데 하루 만에 사망했다."[14]라고 했듯이 20년도 더 된 일을 오직 기억에만 의존해서 피해자임을 증명해야 하기 때문이다.

아마 어떤 제품을 썼는지 기억이 나지 않아 신고하지 않는 사람도 꽤 많을 거다. 게다가 병원이나 사무실 등에서 사용했다면 자신이 노출되었는지도 모른다. 가습기가 있었던 것은 기억하겠지만 살균제를 사용했는지까지 기억하는 환자와 직장인은

¶ · 보건복지부 질병관리본부 폐손상조사위원회에서 발간한 『가습기 살균제 건강피해 사건 백서』(2014. 12.)에 따르면 1994년 첫 제품이 나온 뒤 2011년까지 20여 종이 시장에 선보였으며, 18년간 800만 명이 1회 이상 사용한 것으로 추정됐다.

없다. 그래서 누구는 즉시 죽었고, 누구는 천천히 죽고 있다. 살균제 사용 빈도, 가습기 사용 공간의 넓이, 환기 유무 등 조건이 죄다 다르기 때문이다. 특히 이 시기에 천식이나 비염처럼 그리 대단한 질병이 아닌 것으로 취급받는 호흡기 질환이 발병한 사람들은 그 원인이 가습기 살균제라는 걸 상상도 못 하고 살아갈지도 모른다.

「가습기 살균제 노출 실태와 피해 규모 추산」(2020)이라는 한국방송통신대 환경보건학과 이경무 교수 팀 논문에 따르면 건강에 피해를 입은 사람이 약 95만 명이고, 사망자는 2만 명에 이를 것으로 추산된다. 전국 5,000가구 총 1만 5,472명을 대상으로 조사한 결과를 표본으로 삼아 전국 규모로 계산해 도출한 값이다. 비슷한 추정이 있는데, 인하대 임종한 교수는 폐렴 사망이 세계적으로 감소세인데 한국만 급증한 것은 살균제가 아니면 설명이 되지 않는다면서 1995년부터 2011년까지 국내 폐렴 사망자 7만 명 중 2만 명을 피해자로 볼 수 있다고 했다.[15] 이 글의 제목에 '故 가습기 살균제 피해자 ○○○○명'이라고 했는데, 이게 천 단위에서 끝날 수 있을지 모르겠다.

이런 수치를 볼 때마다 나는 가슴이 아프다. 내게 가습기 살균제는 아이가 태어나고 자라면서 집안의 생필품이었다. 다만, 부지런하지 않았을 뿐이다. 가습기 트는 것조차 까먹고 잠드는 경우가 많았고, 그래서 한 통을 다 사용하는 데 꽤나 시간이 오래 걸렸다. 하지만 어떤 집에선 그러지 않았을 것이다. 가습기 안의 물이 더 깨끗하길 원했던 사람들, 건조하면 여기저기 아프기에 미리미리 스스로를 지키려고 했던 부지런한 사람들이 아팠고 죽었다.

국가의 느슨함, 기업의 오만함

"모든 국민은 보건에 관하여 국가의 보호를 받는다."

대한민국 헌법 제36조 제3항이다. 가습기 살균제라는 판도라의 상자를 열어 보니 국가의 직무 유기가 그대로 드러났다. 살균제 성분으로 쓰이는 화학물질의 독성을 인류가 몰랐던 것이 아니었다. 다 알기에 살충제나 물탱크 청소용으로만 사용하고 있었다. 세계 어디서도 이걸 물과 희석하여 사람을 향해 증발시켜 보자는 상상을 하지 않았다. 이미 미국에서는 초음파 가습기에는 정제수만 사용해야 하고 어떤 것도 섞지 말 것을 1990년대 초부터 권고했다. 그런데 한국이라는 국가는 어떻게든 이윤을 창출하겠다는 기업의 상상력을 의심하지 않고 추가 실험을 요구하지도 않았다. 화학물질에 으레 따라붙는, 직접 마시거나 신체에 접촉하는 행위만 경고하는 수준을 지키면 별 탈 없으리라고 안일하게 판단해 '흡입 시' 위험성을 간과했다. 규제도 하지 않는데 기업이 일부러 돈 써 가며 안전장치를 만들겠는가.

참사의 시작은, 바로 그때부터였다.

> ㈜유공은 가습기에 생긴 세균을 없애 주는 살균제 '가습기메
> 이트'를 처음 개발했다. 가습기는 이틀만 물을 갈지 않아도 세
> 균이 번식해 건강에 해를 줄 수 있는 것으로 알려졌다. 한 봉
> 지로 2리터 가습기에 23번 쓸 수 있다.

《한겨레》 1994년 11월 28일 자 기사다. 가습기에서 나오는
독가스는 신문에 소개된 합법적인 신상품이었다. 물의 오염을
막는다는데 어떤 소비자가 이를 의심했겠는가. 출시 이후 18년
간 광고 문구도 기막혔다. 곰팡이와 물때를 제거하는 건 기본이
고 삼림욕 효과가 있다면서 친환경 이미지를 강조했다. '흡입 시
안전, 환자 및 노약자에게 안전, 아이에게도 안심'이라는 문구를
버젓이 사용했다. 이게 유독물질로 분류된 것은 2012년이었다.
그 이후부터라도 피해자들의 억울함이 시원하게 풀렸으면 다행
이다. 하지만 참사가 처음 세상에 알려진 지 10년이 된 2021년
8월 30일, 가습기 살균제 참사 피해의 책임을 묻는 1인 시위가
전국 51곳, 해외 6곳에서 전개되었다. 그동안 대체 어떤 일이 있
었던 것일까?

국가는 느슨했다. 2011년 8월에 가습기 살균제 문제를 인
지하고도 공식적인 회수 조치는 11월에 했다. 식품의약품안전

처의 허가가 있어야 판매·유통할 수 있는 의약외품으로 지정된 것은 12월 31일이었다. 공정거래위원회의 허위·과장 광고 심사를 비롯해 판매사 제재는 이듬해인 2012년 7월에나 이루어졌다. 그 사이에 사람들은 죽어 나갔다. 마트에서 회수되면 그만일까? 사건 초기에는 국가가 직접 피해자 신고도 받지 않았다. 일상이 바빠서 뉴스를 챙겨 보기 힘든 사람들은 가습기 살균제를 몇 년이나 더 사용했다. 정부는 기업과 소비자의 문제라며 선을 그었다. 국회에서 청문회나 공청회를 열어야 한다는 주장은 당시 기업에 우호적인 국회의원이 많은 정당의 반대로 무산되기 일쑤였다. 열리더라도 한쪽에서 참석하지 않아 반쪽짜리 회의에 불과했다. 검찰은 2016년이 되어서야 전담 수사 팀을 꾸렸고 피해 구제 관련 법은 2017년이 되어서야 국회를 통과했다.

기업은 오만했다. 죽음의 살균제를 만들고 유통시켰음에도 진심 어린 사과를 하지 않았다. 항상 발뺌했다. 폐 질환의 원인으로는 황사, 미세먼지 등의 요인도 있으니 섣불리 규명할 수 없다며 법정에서 사실을 가리자는 태도로 피해자를 농락했다. 실험도 조작했다. 교수에게 뒷돈을 주고 기업에 유리한 결과가 나오도록 회유했다. 해당 교수는 2017년 대법원에서 실형 선고를 받았다. 증거도 인멸했다. 하드디스크에 구멍을 뚫었고 노트북을 숨겼다. 지시한 이들은 2020~2021년에 대법원에서 실형 선고를 받았다.

모든 고통은 피해자와 가족들의 몫이었다. 이들은 사과를 받아 내기 위해 한 다국적 기업의 해외 본사까지 찾아가 시위를 하고 곳곳에 하소연했다. 영국의 일간신문 《가디언》은 이를 주목하고 2015년 5월 24일 자 기사로 보도한다. 제목은 'We won't say sorry for link to poison deaths—UK firm'(우리는 독성 물질 사망에 대해서 사과하지 않는다—영국 기업)이었다. 2016년 5월 2일, 가습기 살균제 545만 5,940개를 판 옥시레킷벤키저(옥시)의 관계자가 그제야 공식 사과를 한다. 검찰 조사를 앞둔 시점이었다.

피해자들이 보상을 받는 과정은 지난했다. 가습기 살균제를 사용했음을 증명하는 일은 쉽지 않았다. 빈 통이라도 찾아야 했고 제품을 구매한 영수증을 찾고자 동분서주했다. 살균제 제품이 우연히 찍힌 예전 사진이라도 있을까 노심초사하며 사진첩을 뒤져야 했다. 그렇다고 해서 전부 인정받는 것도 아니고, 이미 억장이 무너진 사람들이 제발 인정해 달라는 소명을 몇 번이나 해야 했다.

아직도 심사를 기다리는 사람이 수두룩하다. 2022년 3월 31일 기준 7,685명 신청자 중 조금이라도 국가의 도움을 받은 사람은 4,291명이다. 이것도 등급으로 구분되어 있어서 논쟁이 많은데, 이조차도 해당되지 않는 수천 명의 사람들은 보류 판정이라는 충격 속에 여전히 모든 비용을 자비로 부담하고 있다. 이 중에는 1억 원이 넘는 돈을 내고 폐를 이식받은 사람도 있다.

환경부가 중재하여 2021년 구성된 '가습기 살균제 피해보상을 위한 조정위원회'(위원장 김이수 전 헌법재판관)가 2022년 3월 조정안을 제시했지만 피해자를 지나치게 세분화했다는 비판을 받고 있다. 더 심각한 건 조정안에 따라 배상액을 가장 많이 내야 하는 두 기업이 최종안을 거부하면서 이 사태는 한 걸음도 앞으로 나아가지 못한 상태다.

사법부의 처벌은 미흡했다. 가습기 살균제의 성분으로 사용된 화학물질은 PHMG(폴리헥사메틸렌구아니딘), PHG(염화에톡시에틸구아니딘), CMIT/MIT(클로로메틸아이소티아졸리논/메틸아이소티아졸리논) 등이 있는데 PHMG, PHG를 사용한 업체에 대해서는 관련자 15명 정도가 유죄 (대법원) 확정 판결을 받는 결과가 나왔다. 대부분이 2~5년 형이었고 옥시 전 대표는 징역 6년이었다. 솜방망이 수준에 불과하다는 비판이 많다. 그런데 CMIT/MIT 성분을 사용한 기업의 관계자들은 '인체에 유해하다는 인과성이 명확히 증명되지 않는다'면서 전부 무죄를 받았다(2021년 1월 1심 판결로, 2022년 현재 항소심 진행 중). 이 판결에 대해 전문가들은 재판부가 동물실험 결과에만 의존한 연구 결과를 잘못 해석했다면서 비판했다. 피해자들은 "내 몸이 증거다"[¶] 라는 팻말을 들고 항의했다.

[¶]   피해자들이 저자로 참여하여 출간한 책의 제목이기도 하다. 가습기 살균제 피해자들 저, 『내 몸이 증거다』 스토리플래너, 2021.

자유롭고 정의로울 때 충성한다

강연의 시작을 무슨 말로 해야 하나 고민할 때가 있다. 청중이 나를 전혀 모르는 상태라면 더 그렇다. 저자와의 만남 같은 자리라면 평소에 내가 어떤 주장을 하는지 정도는 대강은 알고 있는 분들이 찾지만, 지역의 관공서에서 '강연이 끝나면 추첨 후 사은품을 주는' 오전 10시 시간대에는 나를 아는 사람이 있을 거라고 기대하기 어렵다. 게다가 평균 나이대가 70대 이상이라면 더 확실하다. 강연 전 행사로 치매 예방 레크리에이션이 진행되고 있으면, 강연 전체를 아우르는 질문을 인사와 함께 던져야 한다는 압박을 받는다. 이때, 내가 쓴 『1등에게 박수치는 게 왜 놀랄 일일까?』(2017, 나무를심는사람들)에 등장한 질문 하나를 떠올린다. "국기에 대한 맹세가 왜 수정되었을까요?"

영화 〈국제시장〉(2014)에는 국기 하기식 때 흘러나오는 애국가에 부부 싸움도 멈추고 손을 가슴에 올려야 했던 1970년대 대한민국의 모습이 나온다. 국민은 국가에 무조건 충성하겠다고 외쳐야 했던 시절, 영화를 보기 전에도 국민의례가 있었다. 이게 1989년에야 폐지되었으니 '국가 찬양'이 얼마나 오랫동안 강요되었는지 짐작이 간다. 1990년대에도 "조국과 민족의 무궁한 영광을 위하여 몸과 마음을 바쳐 충성을 다할 것을 굳게 다짐"하는 국기에 대한 맹세는 시도 때도 없이 했으니 말이다. 정신적 획일화를 국가가 강조한 이유는 군부독재라는 과정보다 경제성장이라는 결과만을 기억하길 원해서였다.

투박한 맹세문의 "조국과 민족을 위해서"라는 표현은 "자유롭고 정의로운 대한민국의 무궁한 영광을 위하여"라고 2007년에 수정됐다. 문장 하나의 변화지만 의미는 크다. 수정된 버전은 나라가 자유와 정의를 제대로 실천하지 않으면 국민은 충성이 아니라 '비판'하겠다는 뜻을 담고 있다. 즉 국가는 국민에게 신뢰를 강요하지 말고, 어느 한쪽에 치우침 없이 자유와 정의라는 철학을 정책에 잘 반영해서 신뢰받도록 노력해야 한다.

누구나 '자유롭게 살 권리'와 누구도 '존엄한 권리를 침해받지 않을 정의'가 상호 보완적으로 돌아가는 모습은 시장경제가 민주주의의 틀 안에서 운영될 때 가능하다. 장사는 누구나 해도 되지만, 장사를 마음대로 해도 되는 건 아니다. 근로시간, 최저임금 등 지켜야 할 것이 많다. 당연히 아무거나 팔 수 없다. 그 자유가 누군가의 존엄성을 파괴한다면 국가는 시장의 자유를 규제한다. 그게 대한민국 대표 브랜드인들, 기업의 명운이 걸린 것인들 사람의 목숨보다 중요하지 않다.

기업의 자유로운 경제활동, 자주 듣는 말이다. 가끔 밑도 끝도 없이 부유하는 느낌을 받기도 한다. 이를 보장하는 것이 국가 본연의 역할이라고 주장하는 이들도 있다. 당연한 이치가 아니다. 사회가 어찌 '시장경제' 그 자체이겠는가? 자본주의는 사회라는 큰 덩어리 안에 존재하는 하나의 경제체제일 뿐이지, 공동체 전체를 설명하는 절대 가치가 아니다. 대학에서 강의를 할 때, '사회가 시장 자체일 수 없다'는 말을 바로 이해하지 못하는 학생들을 가끔 만났다. 마치 태초부터 자본주의가 있었다고 믿는 모습이었다.

한국에서 '규제'는 기업의 발목을 잡는 덫인 양 부정적으로 해석된다. 기업인은 대통령을 만나, 상품을 승인받기까지 제출해야 할 서류도 많고 기준도 까다로워 힘들다고 하소연한다. 그러면 언론은 이 고민을 빨리 해결하는 일이 옳은 것처럼 포장하고, 공무원의 원칙적 행동을 늦장 태도라고 비판한다. 그사이 수십억 원이 증발한다고 겁을 준다. 물론 시대의 변화에 적응하지 못한 쓸데없는 기준을 가려내는 것도 중요하겠지만, 규제를 무작정 '낭비'라고 보는 게 과연 공동체에 이득이 될까?

마지막으로 국가에 대한 신뢰가 깨질 때 사회가 어떻게 흘러가는지를 짚어 보자. 국가를 믿고 상품을 구매할 수 없으면 불안하고 혼란하다. 청소용품 하나를 사면서도 매번 성분을 살펴보고 검색하는 모습은 씁쓸하다. 평소처럼 논리적으로 생각하기도 어렵다. 가습기 살균제 사건 이후 소비자들은 철저하게 검증된 화학물질과 기준을 지킨 함유량에도 지나치게 예민해졌다. 화학물질을 의심해 보자는 수준이 아니라 자연적이지 않은 모든 것에 공포심을 가지고 있다. 물티슈, 치약에 들어간 성분

이름만 보고 기업이 소비자를 속였다면서 불매운동을 펼치는 일도 있었다. 전문가가 하루에 양치질을 1,000번 정도 하면 발생할 문제이니 걱정하지 말라고 아무리 이야기해도 소용이 없다. 가장 전문적인 시스템으로 운영된다고 믿었던 국가에 실망을 하니, 전문가의 말을 듣지 않는 비상식적인 결정들이 많아진다.

신뢰가 깨지면 음모론이 성행한다. 예방접종을 거부하는 움직임이 그렇다. 일부 부모는 제약 회사가 백신의 부작용을 은폐했다면서 자녀의 의무 접종을 거부하기까지 한다. 화학물질에 대한 막연한 공포의 크기만큼 반대편에서는 '친환경', '천연 첨가물'이라는 딱지만 붙이면 평범한 물건이 만병통치약이 되어 날개 돋친 듯 팔려 나가는 촌극이 벌어진다. 천연이라는 게 안전하다는 의미가 아님에도, 사람들은 그 단어를 듣고 보며 안심한다. 여기서 결정적인 악순환이 발생한다. 안전이 지나친 강박이 되면 도가 넘게 깨끗함에 집착한다. 살균, 멸균, 제균, 방균[16]이라는 표현이 익숙해진다. 슬프게도, 가습기 안의 물까지 살균해야겠다는 소비자의 니즈(needs)가 건강한 생활을 실천하고자 했던 사람들의 선택이었음을 부정하기 어렵다. 제2의, 제3의 가습기 살균제 사건이 언제 터질지 모른다는 말이다.

3D 프린터에서 검출된 발암물질

젊은 과학 교사가 사망한다. 10만 명당 1명 정도에서 발생한다는 희귀 암인 육종이 원인이었다. 희소하지만, 그럴 수 있는 일일 거다. 그런데 이 교사와 함께 학교 현장에서 3D 프린터를 사용하여 학생들을 가르쳤던 동료 교사에게도 같은 질병이 발생한다. 그리고 같은 프린터를 사용한 다른 학교의 교사에게서도 동일한 증상이 나타난다. 이건, 그럴 수 있는 일이 아니라 있어서는 안 될 일이다. 2014년부터 학교에 보급되기 시작한 3D 프린터는 2020년 기준 전국 5,222개교(보급률 43.45%)에 1만 8,324대가 보급되었을 정도로 보편적 교육 기자재다. 정부가 권장한 기기로 열심히 가르친 게 '암에 걸릴 이유'가 된다면, 그런 사회는 시스템이 전혀 없는 것이나 마찬가지다.

2020년 8월 언론을 통해 보도된 이 사건은 명료하게 원인이 밝혀지고 명쾌하게 해결되었을까? 3D 프린터에 사용되

는 범용 플라스틱인 ABS(아크릴로나이트릴-뷰타다이엔-스타이렌)
소재 등에서 발암물질이 검출되었음이 확인되었고 육종만이
아니라 유방암에 걸렸거나 자율신경계 이상 반응을 보인 교
사들도 확인되었지만, 여전히 정부는 조사가 아직 진행 중이
라는 미온적인 자세로 일관한다. 공무상 재해 신청을 한 지가
1년이 지나도 답이 없다. 급기야 교사 5,275명은 재해 인정
촉구 탄원서를 제출했다. 향후 공무상 재해가 인정되는 등 결
과가 긍정적이라 할지라도 확실한 대책이 나올 때까지 유족
과 피해자들의 심정은 이루 말할 수 없을 것이다.

　이 사안을 심층 보도하여 제53회 한국기자상을 받은 기
자의 말이다. "산업 논리에 매몰돼 안전 문제를 은폐하는 정
부를 고발합니다."[17]

2부,

도돌이표

우리는
....

망각에
....

익숙하다
....

"사랑이 폐지되었다,
보건의 명분으로."

— 조르조 아감벤Giorgio Agamben이 2020년 11월 6일에 쓴 시
「사랑이 폐지되었다」(Si è abolito l'amore)[18] 중에서

우리는 더 날카로워질 것이다[1]

― 모두 같은 배에 타고 있다[11], 코로나19 팬데믹 ―

'호연지기'가 '각자도생'으로

2019년 12월, 어느 가정의 대화다.

고1 딸   진로 적성검사를 했는데 저는 회사원이나 공무
원보다 예술계에 종사하면서 좋아하는 일에 집
중해야 삶의 만족도가 높을 거라네요.

엄마   우리 딸은 어릴 때부터 꿈을 말하는 방식이 독
특했어. 다른 아이들이 직업을 이야기할 때도
너는 늘 즐겁게 살고 싶은 게 꿈이라고 했지.

고1 딸	그래도 미래가 걱정될 때는 있어요. 안정된 직장에 취업하지 않으면 하고 싶은 일도 못 하는 게 현실이니까요.
엄마	돈 걱정 없이 살면 좋겠지만, 중요한 건 네 인생은 너 스스로 선택해야 한다는 거지. 엄마, 아빠는 어떤 간섭도 하지 않을 테니까 네가 하고 싶은 걸 해.

화기애애하다. 그리고 1년이 흘렀다. 2020년 12월, 이들은 무슨 이야기를 하고 있을까?

엄마	대학은 경영학과로 갈 거지? 어차피 문과에서 다른 학과들은 취업이 힘들어. 수능 끝나면 바

¶　이 제목은 《경향신문》에 기고한 글 「우리는 더 위태로워질 것이다」(2020. 3. 8.)에서 응용했다. 해당 글은 재택근무, 원격 수업 등이 양극화를 심화시킬 거라고 우려하면서 사회적 거리두기를 해도 모두가 괜찮은 사회구조를 고민하자는 내용이다. 『세상이 좋아지지 않았다고 말한 적 없다』(2020, 위즈덤하우스)에 수록했다.

¶¶　슬라보예 지젝의 『팬데믹 패닉: 코로나19는 세계를 어떻게 뒤흔들었는가?』(2020, 북하우스) 1장 제목 '우리는 지금 모두 같은 배에 타고 있다'에서 차용했다. '같은 배'라 함은 신종코로나바이러스감염증(코로나19) 팬데믹의 보편적 영향을 말하는 거지만, 모두가 같은 배에 타고 있는 것은 아니라면서 불평등의 차이를 지적하는 사람도 많다. 예를 들어 재택근무 할 수 있는 사람과 '격리=해고'인 직업을 가진 사람이 어찌 동일하겠는가. 개개인의 처한 상황에 따라 고립과 단절의 크기도 다를 것이다. 하지만 낭떠러지에서 떨어지는 사람이 많아지게 되면 사회 전체에 각자도생의 철학이 부유한다는 연결적 의미에서 사회는 하나의 커다란 배와 다르지 않다.

로 토익 학원 다니는 거 잊지 마. 사회는 전쟁터
야. 미리 준비해야 살아남아.

고2 딸   (침묵)

엄마   공무원도 한번 고민해 봐. 여자는 기업에 취업
          해도 불안하니까.

고2 딸   엄마, 나 아직 고등학생이야.

엄마   그러니까 더 철저히 준비해야지. 안정적으로
          살 방법을 고민하고, 그걸 가능하게 할 직업을
          명확히 정해야 해. 한번 줄에서 떨어지면 그만
          이라고. 낭만 타령하다 인생 끝나는 거야. 정신
          바짝 차려!

    무슨 일이 있었을까? 2019년까지 엄마와 아빠는 딸의 삶에
개입하지 않았다. 아빠는 연극 연출을 했는데 극단을 성공적으
로 운영했다. 예술을 한다는 긍지를 지녔으며, 딸에게도 늘 '가
슴이 울리는 일'을 찾으라고 말했다. 엄마도 성공적인 삶이었다.
유명 여행사에서 10년 넘게 일하고 있었고 능력이 뛰어나서 승

진도 빨랐다. 딸에게는 여성이라는 이유로 주눅 들지 말라고 가르쳤다.

2019년의 마지막 날, 가족은 한 해를 감사하고 새해를 기대하는 파티를 신나게 했다. 몇 달 후 공연 예정인 연극이 새해 기대작으로 선정되었다는 아빠, 연말 보너스를 두둑하게 받았다는 엄마, 공모전에서 우승하여 곧 유럽 박물관 여행을 갈 딸은 서로를 응원했다. 2020년도 올해처럼 보내자면서 덕담이 오가는 시끌시끌한 사이로 텔레비전의 뉴스 소리가 흐르고 있었다. 귀를 기울이는 사람은 없었다.

중국 후베이성 우한에서 원인을 알 수 없는 폐렴 환자가 속출했다고 중국중앙방송(CCTV)이 보도했습니다. 보도에 따르면 우한시에서는 이번 달에만 27명의 폐렴 환자가 보고됐고, 이 중 7명은 위중한 상태입니다.

- 〈MBC 뉴스〉 2019년 12월 31일 자 기사

몇 개월 만에 모든 것이 달라졌다. 엄마는 2020년 5월부터 강제 휴직을 하다가 10월에 일자리를 잃었다. 전년 대비 매출이 90% 감소한 회사는 경영상의 이유로 정리 해고를 단행했는데, 대상자에는 2019년도 최우수 사원인 엄마도 포함되었다. 아빠는 공연이 중단된 2월부터 1원도 벌지 못했다. 매달 나가는 고

정비는 전부 빚이었다. 우울증 약을 먹게 된 것도 이때부터였다. 2022년 1월, 아빠는 평생을 바친 일을 완전히 정리하고 쿠팡 물류센터에서 일을 한다. 엄마는 카페에서 최저임금을 받으며 일을 했는데, 카페가 문을 닫아서 다시 구직 중이다.

삶이 급변하니 가정의 철학도 돌변했다. 인생의 쓴맛을 단기간에 뼈저리게 느낀 부모는 자녀를 대하는 태도부터 바꿨다. 가훈 '호연지기'(浩然之氣)는 온데간데없고 '각자도생'(各自圖生)이 그 자리를 대신했다. '타인과 비교하며 살지 말라'는 덕담이 가득하던 식사 자리에서는 "세상은 승자독식이다. 절대 사회를 믿지 말라."라는 섬뜩한 경고가 자주 등장했다. 매사가 까칠했고 예민했고 불안했다. 이들은 살얼음판 위에서 비틀거렸다. 일상을 파괴한 사람들을 향한 혐오도 빠지지 않았다. 공개된 확진자의 동선을 보고 '쓰레기'라면서 욕했다.

차별과 혐오의 바이러스가 증식하다

2020년이 시작되고 몇 개월 뒤, 코로나19 바이러스가 지구를 강타한다. 세계는 혼란에 빠졌고, 사람들의 일상은 멈췄다. 2020년 3월 11일, 세계보건기구(WHO)는 감염병 경보 최고 위험 등급인 6단계에 해당하는 팬데믹(pandemic, 세계적 대유행)을 선포한다. 1968년 홍콩독감, 2009년 신종인플루엔자(신종플루)

에 이어 역대 세 번째였다. 국가가 봉쇄되었고 개학은 물론 올림픽까지 연기되었다. 해외여행이라는 말은 사라졌다. 가게들이 문을 닫았다. 영업을 할 자유는 통제되었다. 사람들은 사회적 거리두기를 낯설어했다. 어디를 가든 개인 정보를 남겨야 했고 열이 조금이라도 나면 기차나 비행기도 타지 못했다. 마스크 때문에 동분서주했다.

숫자가 무의미해 보이지만, 팬데믹 선포 2년간 전 세계에서 600만 명 이상이 사망했다. 한국에서는 2022년 4월 기준 2만 명 넘게 목숨을 잃었다. 변이 바이러스 '오미크론' 출현 이후 확진자와 사망자가 급증하면서 장례식장과 화장터가 포화 상태에 이르기도 했다. 고령층이거나 기저질환이 있는 많은 사람들이 속수무책으로 희생되었다. 바이러스가 아니었으면 10년 넘게 일상을 유지할 사람들이 죽었다. 사람들은 백신이 나오면 일상으로 되돌아갈 것이라고 믿었지만, 그러지 못했다. 하지만 방법은 그것뿐이라는 걸 알기에 1년 동안 백신을 세 번이나 맞으면서 일상 회복을 기다렸다.

팬데믹은 각자도생의 철학을 확산시켰다. 세상이 불안정해지자, 불안정한 일자리의 한계가 적나라하게 드러났다. 프리랜서 타이틀을 달고 있는 사람들과 비정규직 노동자들의 삶은 고꾸라졌다. 이를 눈앞에서 목격한 이들은 '그래서 안정적인 직장이 좋은 거지.'라고 생각하며 명문대와 대기업 타이틀에 집착하는 문화를 강화시킨다. 공무원만이 정답이라고 조언한다. 공동체 전반에서 '사회'는 사라지고 '개인'만 언급된다.

얼음판을 걷는 사람들이 많아진 세상에서 팬데믹 탈출은 쉽지 않다. 코로나 19는 과학적 사고 없이는 이겨 낼 수 없다. 전문가의 말을 들어야 바이러스가 통제되며, 인류를 구원하는 것은 백신이지 기도가 아니라는 것을 상식적인 사람이라면 누구나 안다. 하지만 그 상식이 일관되게 유지되는 건 아니다. 무탈했던 일상이 갑자기 뒤틀리면 개인은 혼돈에 빠진다. 미래를 절망적으로 여기면서 신경이 날카로워지면 과학적 사고는 무뎌진다. 이 빈틈을 거짓 정보들이 파고든다. 평소라면 자연스레 걸러 냈을 내용일지라도 굉장히 그럴듯하게 들리기 때문이다. 정보(information)와 팬데믹(pandemic)을 합쳐 '인포데믹'(infodemic)이라는 합성어가 등장한 이유다. 비일비재한 가짜 뉴스가, 위기의 시기에 더 대중 사이로 파고든다는 말이다. 게다가 현대사회는 인포데믹이 활개를 치는 최적의 환경이다. 인터넷 세상에서 정보가 퍼지는 속도와 범위는 상상을 초월하는데, 엎친 데 덮친 격으로 검증되지 않은 정보를 사실처럼 말하는 1인 미디어도 많아졌으니 말이다. 개인의 자유가 제한되는 상황이 길어지면 이 악순환은 더 강하고 빠르게 선순환된다.

차별과 혐오의 바이러스도 증식된다. '코로나19'라는 공식 명칭이 지정되었어도 '우한폐렴'이라고 부르겠다는 사람이 한국에 많았다. 해당 지역에 대한 불필요한 공포심과 편견을 조장해 방역에 부정적인 영향을 끼칠 뿐이라고 WHO가 수차례 경고했지만 아랑곳하지 않았다. 당신이 우한에서 온 중국인이라고 치자. 겁이 나서 집 밖에 나갈 수 있겠는가. 2020년 팬데믹 초기, 미국 대통령 도널드 트럼프^{Donald Trump}는 '중국 바이러스'라는 표현을 거듭 사용했다. 중국을 나쁜 이미지로 만들어 세계경제의 주도권을 잡겠다는 정치적 속셈이었을 테다. 유럽에선 과거 제국주의 가치관이 불쑥 등장했다. 독일 최고 권위의 시사 주간지라고 알려진 《슈피겔》(Der Spiegel)은 표지에 코로나 바이러스를 "Made in China"라고 표현한다. 바이러스를 '출현했다'가 아닌 '만들어졌다'라는 의미에 가두어 인위적인 냄새를 고의적으로 풍기는 것부터가 상식적이지 않을뿐더러, 발생 지역을 언급하는 표현 자체가 차별하겠다는 뜻이나 마찬가지다. 게다가 중국이 지금처럼 무역 강국이 되기 전까지 '중국산=싸구려'라는 인식이 서구 사회에 팽배했다. 한국과 일본에서도 마찬가지였다. 그러니 "Made in China"라는 표현은 그 자체가 편견을 동반한다. 이를테면 '역시, 중국이었네. 원래 문화가 미개하잖아.'라고 생각하도록 유도한다.

프랑스 지역신문 《르 쿠리에 피카르》(Le Courrier picard)는 '황색 경계령'(Alerte Jaune)이란 노골적인 헤드라인을 1면에 대문짝만 하게 실었다. 황색인종, 즉 아시아인 때문에 백인이 피해를 본다는 황화론(黃禍論, Yellow Peril)이 부활한 듯한 모습이다. 유럽에서 '황화론'은 19세기 말에 등장했는데 황색인종을 재앙, 즉 화(禍)의 발단으로 싸잡아 경멸하는 증오의 이데올로기다. 그들이 백인의 일자리를 빼앗고 기독교와 유럽 문화를 오염시킨다는 이유였다.[19] 그러니 '황색'이라는 단어를 소환한다는 건 언론이 인종차별을 하라고 부추기는 꼴이나 마찬가지다. 코로나19 이후, 아시아인을 향한 증오범죄가 증가한 이유다. 미국에서는 2020년 아시아계를 겨냥한 증오범죄가 전년 대비 149% 증가했다는 집계도 있다.[20]

일상이 무너지면 공감 능력도 사라진다. 내가 힘드니, 나를 힘들게 한 이를 원망한다. 사람들은 확진자를 자신의 일상을 어그러뜨린 이로 여긴다. 자신의 일상을 방해한 이를 찾아 비난과 인신공격의 칼을 휘둘러도 된다고 착각한다. 팬데믹을 선언한 지 넉 달 가까이 지난 시점에 여론조사 기관 갤럽인터내셔널이 조사한 국가별 코로나19 인식도에 따르면, 우리나라 사람 가운데 '감염이 두렵다'는 응답자가 71%인데, '확진됐을 때 받을 비난과 피해가 두렵다'는 응답도 66%에 이르렀다. '왜 다른 사람에게 피해를 주냐'는 주변의 질타에 대한 걱정이 코로나로 몸이 아플 거에 대한 두려움 못지않게 높은 수준이다. 칭찬이 자자했던 K-방역의 이면, 혹은 민낯이다.

코로나19 초기, K-방역의 토대는 확진자의 동선을 낱낱이 까발리는 것이었다. 조금이라도 모호하게 공개되면 제대로 알리라는 민원이 빗발쳤다. 공개된 누군가의 시간대별 동선은 마녀사냥의 표적이 되었다. 제주도 여행을 다녀간 강남 모녀, 온천을 방문했다는 목사 부부, 이태원 ○○클럽을 갔다는 학원 강사 아무개 등의 표현이 별 문제의식 없이 부유했다. 이런 세부 정보들은 특정 지역과 직업에 들러붙은 기존의 고정관념을 활용해 혐오를 불러일으키는 양념에 불과하다. 본인이 떳떳하면 공개되는 게 무슨 문제냐고 할 사람이 많을 줄 안다. 떳떳하다? 그건 누가 결정하는 걸까?

K-방역과 사생활[¶]

새벽에 신문 배달을 하면서 대학원을 다녔던 2000년대 중반, 지하철 앞에서 무가지 배포하는 일을 병행했다. 이 모습을 누가 보는 게 싫었다. 학교에서 만날 사람과 마주치는 건 어색했다. 부끄러움 때문이 아니다. 폭설 때문에 배달이 늦어진 날에는 ○○일보라고 적힌 유니폼 외투를 입고 강의를 들었으니, 내가 어떻게 학업과 공부를 병행하는지는 대부분이 알고 있었다. 하지만 딱 거기까지라는 압박감이 있었다. '공부하면서 힘들게

[¶]   여기서의 내용은 《문화일보》에 기고한 글을 요약했다. 오찬호, 「팬데믹 시대의 인문학 ⑭ 사생활 - 침해받지 않을 자유」, 《문화일보》, 2021. 1. 11.

사네!'라는 격려와 '공부는 언제 하냐?'라는 조롱이 갈라지는 경계선에 내가 있었기 때문이다. 누군가의 생계는 무례한 분석 대상이 되기 일쑤였다. 일 때문에 공부에 집중하지 못하면 "왜 대학원에 온 거야?"라면서 빈정거리는 이들이 많았다. 그래서 나는 공개된 것을, 공개하지 않았다.

이런 내 마음을 몰라준 이가 있었다. 평소 알고 지내던 교직원이었는데, 그는 내가 모 재단의 장학금을 받도록 애를 썼다. 새벽엔 신문 배달, 아침엔 무가지 배포, 저녁엔 야간 대학원에서 조교로 근무한다고 상세하게 밝히며 추천을 했고 난 100만 원을 받았다. 수여식장에서 낭독된 내 소개는, 너무 비루했다.

공개되어도 괜찮을 거라 여겨지는 누군가의 일상들이 있다. 사생활이 아니라고 여겨서다. 휴대전화 잠금장치를 수사기관이 강제적으로 해제하는 것은 보장되어야 할 '내부'가 공격받는 명백한 인권침해라는 데 동의하지만, 어떤 사람의 드러난 일상은 이미 '외부'로 나온 것이기에 여기저기 유통되어도 괜찮다고 착각한다. 특히 사회가 긍정적으로 평가해 온 치열하고 열정적인 삶을 떠올릴 수 있는 단편이라면 더 입방아에 오른다. 당사자가 문제 삼으면, 좋은 의도인데 왜 그리 까탈스럽냐고 무안을 준다.

동선 '공개' 자체의 무례함을 따지지 않고, 동선의 좋고 나쁨을 평가하는 그 버릇은 K-방역의 연료가 되었다. 굳이 몰라도 되는 개인의 신상 정보가 정교히 나열되었다. 확진 판정을 받은 콜센터 직원과 새벽 녹즙 배달원이 동일인이라는 게 왜 중요한 정보일까. 방역의 목표는 어디까지나 밀접 접촉자를 빨리 찾아내고 격리하고 관련 공간을 (가급적 타인들 모르게) 소독하는 것이지, 이게 누구의 삶이 다른 누구에게 해석될 여지를 줘도 됨을 뜻하진 않는다. 누구인지 모르겠는데 무슨 문제냐고 하겠지만 주변 사람이라면 금방 추적할 수 있을 정도의 세밀한 내용들이었다. 구로 ○○○빌딩 11층 ○○보험의 위탁 콜센터에서 근무했고 여의도에서 ○○투자회사 등에 녹즙을 배달했다. 40대이고 여성이다. 게다가 퇴직 일자까지 공개되었다. 한 인간의 삶이 고스란히 소개된 셈이다. 이 확진자 사례는 '코로나가 불평등의 민낯을 드러냈다'면서 여기저기 언급되었다. 착한 동선이라고 대중에게 판정받아서다. 그러면 괜찮은 걸까? 자신의 사회적·경제적 위치를 아는 사람이 늘어나기에 필연적으로 겪어야 할 무례한 반응들을 팬데믹 시대의 팔자라고 여기면 그만일까?

내가 그랬다고 생각해 본다. '○○대 대학원생 ○○번 환자, ○○역에서 아침마다 수백 명 만나'라는 기사 제목이 떠돈다면 어떤 일이 벌어졌을까. 힘들게 공부를 한다는 건 얼핏 아름다워 보이는 소재이지만, '공부는 언제 하고 일만 하냐'면서 험담의 연료가 되기도 한다. 평소 나를 못마땅하게 보던 이들은 이때를 기회 삼아 "저리 돈이 좋으면 대학원 다니면 안 되지."라면서 험

오를 분출할 거다. 하지만 정말로 두려운 건 내 동선이 그것뿐이라는 처참함이다. 자신만의 내밀한 삶을 공개하기 싫은 것처럼, 삶이라고 부를 만한 것이 없다는 사실도 누군가에게는 깊숙이 감추고 싶은 정보다. 나는 주말마다 결혼식장 아르바이트까지 했다. 일당도 괜찮았지만 뷔페 음식으로 한 끼를 해결하는 원초적 만족이 좋아서 오랫동안 접시를 날랐다. 이 동선이 공개되어 '주말에도 공부하지 않는' 대학원생이라는 수식어가 붙는 내 삶은 무탈하기만 했을까?

공개되어야 할 사생활이란 없다. 개인의 이야기는 개인 밖으로 나가는 순간 어떻게든 오용될 소지가 다분하다. 비상시국에는 어쩔 수 없다고 하지만, 비상일수록 제한된 정보만으로 믿고 싶은 대로 믿어 버리는 사람들은 많아진다. 코로나는, 헌법이 보장하고 있는 '사생활의 비밀과 자유'가 대한민국에서 엉성하게 활용되고 있음을 드러냈다. 법은 잘못한 게 없다. 사람들의 조급함이 누군가의 권리를 무시했을 뿐이다.

살아남은 자에게만 주목할 것인가

20여 년간 사회학을 공부하면서 가장 많이 듣고 또 말한 문장은 어김없이 "1997년 말 외환 위기 이후"라고 시작한다. 글을 쓰거나 읽을 때 밥 먹듯이 등장하는 구절이다. 그만큼 전후 변화가 선명하다는 말이다. 6·25 전쟁을 분기점 삼아 사회의 변화를 설명하는 무게감보다 결코 가볍지 않다. 한국은 외환 위기 이후 단순한 변화가 아니라 객관적으로 더 나빠졌다. 외환 위기는 급속한 경제성장의 결과였는데(재벌이 관과 밀착해 은행 돈으로 문어발식 확장에 몰두하다 유동성 위기가 오자 한계상황에 이르러 줄줄이 파산했다), 이를 극복하는 속성 치료법은 기존의 성장 일변도의 그릇된 패러다임을 수정하는 게 아니라 더 강화시키는 방식이었다. 불에 기름을 부은 셈이었다. 노동자들을 자유롭게 해고해야 기업이 살아남는다, 그러니 비정규직이 많아야 한다는 이야기가 당당해졌다. 모두가 행복할 수는 없다는 걸 인정하자는 거였다. 양극화는 선명해졌다. 개천 출신의 용은 판타지 소설의 소재가 되었다. 잘못되면 끝장이라는 절박함과 나부터 살고 보자는 강박이 한국인을 지배했다. 이게 잘못된 거라고 아무도 질문하지 않았다.

코로나19 이후의 세상은 그 결과다. 양극화는 고통의 크기도 양극화한다. 마스크를 쓰는 성가심과 사람을 만나지 못하는 울적함 정도야 균등했겠지만 각자의 생업이 균등하게 충격을 받은 건 아니다. 이미 진행된 불평등의 크기만큼, 아픔의 크기도 다르다. "바이러스는 평등하다'라는 명제는 거짓이다."[21]

고령일수록, 여성일수록, 저소득층일수록 상황이 더 나빠졌다. 실직, 소득 감소 등 모든 지표에서 정규직과 비정규직의 차이가 선명한데 이를 '모두가 힘든 시기'라고 해석할 순 없다. 누구는 재택근무의 고충을 말하겠지만 그건 재택근무라도 할 수 있는 자들의 푸념이다. 외환 위기 때는 경제활동을 하는 모든 이들이 위축되고 허우적거렸는데 코로나 시기에는 약자들만 속절없이 무너졌다. 작금의 현상은 바이러스 때문이 아니다. 그럴 수밖에 없는 조건들이 이미 구축되어 있었다.

코로나 특수를 누린다는 업종을 떠올려 보자. 사회적 거리 두기의 기간과 강도와 비례하여 유통업계는 호황이었다. 집집마다 문 앞에는 배달 상자들이 가득했다. 하지만 그 유통의 최종 단계를 책임지는 택배 노동자들은 과로로 죽는다. 대한민국이 무슨 대단한 것처럼 우려먹었던 '언택트'라는 세상은 누군가의 과로를 연료로 작동되고 있을 뿐이다.

외환 위기 이후의 세상을 살아가는 개인들이 생존의 살벌한 전장에서 전투용으로 개조되어 버린 것처럼 이번에도 그때와 다르지 않은 기운이 감지되고 있다. 비대면 교육이 야기한 교육 격차의 문제는 양극화의 결과이자, 앞으로 더 심화될 양극화의 원인이다. 교육이 불평등하다는 거야 어제오늘의 일이 아니지만, 초등학교를 다니면서 격차를 어마어마하게 체감하는 현실이 당연하진 않았다. 격차가 없다는 게 아니라, 그때의 차이를 나중에야 '아, 알고 보니 그때부터 달랐구나.'라면서 인지했다는 거다. 하지만 코로나 시대는 초등학교 때부터 교육 격차를 피부로 느끼게 했다. 학교에서 수업을 듣는 건 학교로 등교하는 이상 모두의 조건을 비교적 유사하게 만들지만, 온라인 수업 체계에서는 가정의 경제력이 많은 영향을 끼친다. 집에 노트북 하나는 다 있는 줄 아는 사람이 많지만 그렇지 않다. 있다 한들 문제는 첩첩산중이다. 장비의 기능은 천차만별이고 그게 학생 개인의 것인지도 중요하다. 비대면 강의를 고려한 공간이 다 있는 것도 아니다. 누구는 자기 방에서, 누구는 동생과 함께, 누구는 부엌에서 접속한다. 게다가 가족이 화목하지 않다면, 그 시간 자체가 곤욕이다. 이런 변수들은 테크놀로지라는 용광로 안에 쑤셔 넣을 성질의 것이 아니다.

방과 후 수업이나 학원이 운영되지 않으면 할 수 있는 게 아무것도 없는 사람도 있지만, 아랑곳하지 않고 대안을 찾아내는 사람도 즐비하다. 수도권 지역의 학원이 영업 제한을 받자, 대전이나 대구의 유명 학원가로 원정을 가서 강의를 듣는 이들도 있었다. 학원 강사를 스터디 카페로 불러 과외를 진행하는 발상, 이는 아무에게나 허용된 선택지가 아니다.

과거보다 패배감을 빨리 접하게 되었다. 여기에 비례하여 체념하는 시기가 빨라졌다. 같은 자본주의지만, 그 자본주의의 무서움을 느끼는 사람이 훨씬 많아진 셈이다. 이런 변화 속에서 공동체는 집단 그 이상의 의미로 확장되지 못하고 연대 의식은 파괴된다. 양극화의 민낯이 드러난 이상, 안정적인 직업을 보장하는 바늘구멍을 통과하려는 자들은 넘쳐 날 수밖에 없다. 그러면 누구는 오랫동안 경쟁해야 하고, 누구는 일찌감치 경쟁을 포기하게 된다. 전자는 후자에 대한 편견을 굳힌다. 앞으로 "젊을 때 공부 안 하더니"와 같은 혐오의 표현은 "저 인간은 초등학생일 때 공부 포기했지"라면서 더 섬세해질 것이다. 이는 노력도 하지 않은 인간을 왜 사회가 책임지냐는 빈정거림이 되어 제대로 된 사회 안전망이 설계되고 안착되는 걸 방해한다. 공동체는 '어쩌라고?'라는 냉소 앞에서 갈기갈기 찢어질 것이다. 지금도 그렇지만 앞으로는 흔적도 없이.

외환 위기 이후, 각자도생의 법칙이 만병통치약이 된 이유는 사회가 '살아남은 자'에게만 주목했기 때문이다. 바늘구멍이 좁아지면 구멍을 넓히는 게 지당하지만, 사람들 사이에는 '구멍을 통과하려면 어떻게 해야 하는가?'라는 질문만 무성했다. 위기를 어떻게 받아들이고, 변화에 얼마나 유연할 수 있는가를 강조하면서 마치 모두가 생존 비법대로 행동하면 살아남을 것처럼 떠들었다. '살아남는 법'만 부유하는 사회에서는 '살아남지 못한 사람들'에 대한 관심이 없다. 그래서 공동체의 토대가 푸석해져도 이를 공론화하지 못한다. 지금은 다른가?

언택트 시대, 코로나19가 남긴 외로움

펜데믹 퍼피(Pandemic Puppy)는 코로나19 바이러스가 등장한 이후 반려동물에 대한 관심이 높아진 것을 뜻하는 신조어다. 한국에서도 이 기간에 반려동물을 키우는 사람이 증가했다. 하지만 일상이 어느 정도 회복되자 파양 문의와 동물유기가 늘어났다. 사람들은 자신을 이성적이라고 믿었겠지만, 그래서 반려동물을 계속 사랑할 수 있을 거라고 확신했겠지만 '그때의 결정'은 사회적 거리두기라는 낯선 상황에 지배당한 매우 감정적인 선택이었던 것이다. 이처럼 인간은 사회로부터 자유롭지 못하다.

앞으로 100여 년은 코로나가 영향을 끼친 현상들이 이어질 것이다. 농담이 아니라, 2년 넘게 별다른 인간관계의 확장을 경험하지 못한 아이들을 생각해 보자. 나는 정반대의 유년 시절을 보냈다. 사람을 만났고, 웃고 떠들며 놀았다. 때론 싸웠고 화해했다. 누굴 좋아하기도 미워하기도 했다. 그렇게 인간관계를 발전시켜 나가는 걸 나도 모르게 배웠다.

하지만 지금은 아니다. 얼굴 전체를 보면서 이야기하는 경우가 어마어마하게 감소했다. 이는 고스란히 개인의 성격에 영향을 남길 것이다. 누군가는 스스로를 관계 맺음에 서툴다고 여길 테고, 이 때문에 삶을 확장시키는 것에 고민이 많아질 수 있다. 별것도 아닌 일에 흥분하고 작은 일에 상처받는 사람들이 늘어날 것이며, 이는 여러 정신적 질환의 증가로 이어질 것이 분명하다. 미리 대비해야 함이 마땅하다.

"그들의 고통은 우리의 몸을 통과해
심장을 건드렸다. 피해자의 상처가
나의 고통으로 바뀌어 발화하는 순간,
뜨거운 용암이 심장에서
솟구친다."[22]

― 추적단 불꽃

여덟 번째 민낯,

우리는 또 둔감해질 것이다

― 관대한 판결을 먹고 자랐다[¶], n번방 사건 ―

그들은 뛰지도 날지도 않았다

아홉 살 아들이 받아 온 가정통신문에는 '학생이 뉴스를 가급적 보지 않게끔' 지도해 달라는 내용이 있었다. 자극적인 내용이 많아서라는 부연 설명이 있었지만 황당했다. 뉴스를 보는 부모 옆에서 아이가 궁금한 걸 묻고, 부모는 아이 눈높이에 맞춰 답을 하는 건 우리 집에서 중요한 문화다. 아직 몰라도 된다, 나중에 다 알게 된다는 식으로 나는 넘어가지 않았다. 그게 아이

[¶] 이 표현은 "n번방은 판결을 먹고 자랐다"와 함께 일반적으로 사용되는 문구다. 'n번방 사건'이 알려지고 그간의 성범죄에 대한 솜방망이 처벌에 항의하는 의미로 SNS에서 해시태그된 문장이다. 2020년 6월 20일 KBS〈시사기획 창〉 289회에서 "N번방은 법을 먹고 자랐다"라는 제목으로 관련 내용을 다루기도 했다. 아울러, 이 챕터의 논조 일부는 리디셀렉트 아티클(현재 서비스 종료)에 기고한 글을 통해 언급된 바 있다.

가 정치, 경제, 사회에 관심을 가져 가는 첫 단계라고 생각해서
다. 사회가 상식적이어야 개인이 행복할 수 있다면, 개인이 사회
를 피해선 안 된다. 학교에서는 잔인하고 끔찍한 폭력 사건을
예로 들면서 걱정했지만, 적절히 수위 조절을 하면 어떻게든 대
화를 주고받을 단서는 발견된다. 피하는 건 무관심의 지름길 아
니겠는가.

하지만, 그 사건을 접하고는 가정통신문이 이해가 되었다.
아이가 그걸 다루는 뉴스와 마주하지 않았으면 했다. 평생 모르
고 사는 게 정신 건강에 이롭다는 생각도 들었다. 인면수심, 안
하무인, 극악무도 외에는 떠오르는 단어도 없어서 수위를 조절
할 수도 없었다. 인간이길 거부한 악마를 아이 눈높이에 맞춰
설명할 재주가 내겐 없었다. 아래의 충격적인 기사가 '2차 가해
를 우려해, 잔인성을 최소한도로 표현'한 것이라니, 어안이 벙벙
했다.

n번방은 이전과는 차원이 달랐다. 그곳엔 갓갓의 '노예'들이
있었다. 피해자는 대부분 중학생쯤으로 보였다. 개처럼 짖고
있는 아이들, 남성 공중화장실에서 나체로 바닥에 널브러진
아이들을 내 눈으로 직접 봤다. 카메라를 응시하며 자위를 하
는 영상은 기본이었다. 영상마다 성기가 모두 드러나 있었다.
— 《국민일보》 2020년 3월 9일 자 기사[23]

"지존파 사건 아시죠? 그 정도 충격이었어요." n번방 사건에 대해서 말해 달라는 기자의 전화에 나는 지존파 살인 사건(1993~1994년)이 순간적으로 떠올랐다. 주택 지하에 시체를 소각하는 시설까지 만들어 5명을 납치, 감금, 성폭행, 살인한 6명의 끔찍함을 사회구조의 모순이니, 불평등이니 하는 거대 담론만으로 설명하긴 쉽지 않다. 이들은 어릴 때부터 가난하다는 이유로 무시당했다면서 자신들을 사회 부조리의 피해자라고 했지만, 그들이 저지른 범죄가 그리 간단히 분석될 성질이겠는가. 말 그대로 역대급 악마였다. n번방의 폭력도 마찬가지라 생각했다. 사회학적으로 설명하기가 어렵다고 여겼다. 너무 악랄하기에, 그냥 이해 불가라고 단언하고 싶었다.

그런데 마찬가지가 아니었다. 많은 '사회적인 것들이' 엉켜 있었다. 지존파 사건은 비교적 명료하게 상황이 정리되었지만 n번방은 복잡하다. n번방은 닉네임 '갓갓'(문형욱)이 1번 방부터 8번 방까지 나눠서 입장료를 받으며 운영한 채팅방이다. 그런데 텔레그램 안에 이를 모방한 방들은 수두룩했다. 외부로 알려져서 문제가 된 것은 인기를 끌었던 방일 뿐이다. 그리고 지존파 사건이 최소한 가해자(1995년 사형 집행)와 피해자는 정확하게 밝혀진 것에 비해 n번방 사건은 확실한 게 없다. 경찰청은 n번방 사건을 해결하겠다는 의지로 디지털 성범죄 특별수사본부를 꾸려 9개월간 집중 단속하여 3,757명을 검거해 245명을 구속했다

(2020년 12월 31일 기준). 제작 및 운영자 511명, 판매 및 유포자 1,170명, 구매 및 소지자가 1,875명이었다.[24] 이 수치가 n개의 방 전체를 아우르지 못한다는 건 세상이 다 안다. "4,000여 명이 모여 있던 방이 폭파되고 새로운 방이 개설돼 순식간에 1,000여 명이 모여들었다"[25]는 언론사 취재에서 알 수 있듯이, n개가 몇 개인지는 아무도 모른다. 은밀한 방까지 기어코 찾아 들어와 가상화폐까지 지불하며 영상을 보는 노력을 마다하지 않는 적극 사용자는 공개된 숫자보다 훨씬 많다. 이들이 한 짓을 지존파 사건처럼 '사회로부터 고립되어 어쩌고'로 설명하며 사회와 담 쌓고 지내 온 일부 개인의 일탈로 치부해선 안 된다.

빙산의 일각이지만, 이 조차도 수백 명을 농락한 '박사방'을 6개월이나 운영한 조주빈을 검거하면서(2020년 3월 16일) 속도가 붙었기에 파악이 가능했다. 그로부터 두 달 후 '갓갓' 문형욱이 체포되면서 거대한 범죄조직 계보도의 조각이 맞춰졌다. 이후 공범이 연이어 잡히는 등 수사가 본격적으로 활기를 띠었다. 지난한 시간 동안 피해자가 느꼈을 공포와 허탈감의 크기가 가늠조차 되지 않는다.

수사는커녕 인지조차 제대로 못한 수사기관을 무능하다고 무작정 말할 수 없을 정도로 그 인간들은 정교했다. 디지털 공간을 활보하는 범죄의 가해자를 찾는 게 이토록 어렵다. 실례로, 조주빈이 운영한 이름부터가 끔찍한 '실시간 노예방으로 이루

어진 최강의 방'은 텔레그램보다 보안이 더 좋다는 위커(Wickr)
라는 메신저에서 운영되었다.[26]

　지존파 사건이 목숨 걸고 탈출한 피해자의 신고 후 전원 검
거까지 딱 3일이 걸렸는데, 그것과는 전혀 다른 세상이 등장했
다. 과학기술의 눈부신 발전이 철저한 디지털 보안을 보장했고,
그러니 감시가 느슨해지면서 범죄의 수위는 높아졌다. 이걸 사
회적이라 하지 않으면 뭐라 하겠는가. 뛰는 놈 위에 나는 놈이
등장해서가 아니라, 우리 사회가 제대로 뛴 적이 없다는 말이다.
범죄자들은 날 필요도 없었고 뛰지도 않았다. 비웃듯이 걸으면
서 원래 하던 자신만의 비즈니스를 체계적으로 키워 나갔다.

그건 지금까지 죄도 아니었다

　인류는 범죄의 재발을 방지하기 위해 여러 법 조항을 만들
며 노력했다. 전통적인 범죄억제이론은 법의 '확실성, 신속성,
엄격성'을 중요하게 여긴다. 죄를 지으면 누구나 반드시, 그리고
빠르고 엄중하게 법의 심판을 받아야 사회에 좋은 이정표가 만
들어진다는 말이다. 하나라도 논란이 되면 '법 앞에 평등'이라는
가치가 흔들리게 되어 공동체가 순항할 수 없다는 것에는 사회
적으로 이견이 없다.

　'무엇이' 죄인지는 늘 논쟁거리였다. 영화 〈변호인〉(2013)에

묘사된 것처럼, 군부독재 시절에는 책 읽고 토론만 해도 정부 전복을 꾀하고 반(反)국가단체를 찬양 및 고무했다는 죄로 처벌을 받았다. 이처럼 죄는 권력이 규정하곤 했다. 그럼에도 특수한 정치적 상황을 걷어 내면, 비교적 합의가 끝난 지점도 있다. 함무라비법전, 성서의 십계명, 그리고 고조선 8조법에도 살인, 폭력, 강도 등 중범죄에 대한 엄벌주의는 비슷비슷한 무게감을 지닌 것처럼 말이다. 하지만 현실 속을 들여다보면 여전히 간단명료하지 않다. 폭력을 행사하면 '확실하게 처벌'받아야 하지만, 가정에서 발생하는 폭력에 대해 법은 굉장히 관대했다. 딸이 아버지의 폭력을 신고하면 경찰이 오히려 나무라는 경우도 많았다. 동의 없는 성관계는 강간죄이지만 부부 사이에는 오랫동안 이 죄가 성립하지 않았다. 가정이라는 공간의 특수성과 가족이라는 관계의 특별함을 법이 지나치게 배려했기 때문이다.

디지털 성범죄는, 기존의 성범죄와는 다르게 다루어졌다. 확실하게 죄로 규정되지도 않았다. 그러니 범인이 빨리 잡히지도 않고, 설사 재판을 받아도 죗값은 참으로 가벼웠다. 이 과정이 무한 반복되니 피해자는 큰 용기를 내서 경찰을 찾아가고도 '고발해 봤자 잡히지도 않는다. 괜히 고생 말라'는 소릴 조언이랍시고 듣는다. 피해자는 존재하지만, 피해자가 드러나지 않으니 가해자는 선을 넘는다. 가해자가 많아지면 관람자는 더 많아진다. 공급과 수요가 끊임없이 선순환하면서 이 바닥은 하나의 산업 시스템처럼 성장한다. 그 안에 들어가기만 하면, 공급자든 수요자든 같은 짓을 하는 이들이 너무 많으니, 죄책감은 사라진다. 자신이 무엇을 하는지 둔감해진다.

성범죄의 온상지였던 회원 수 100만의 '소라넷' 사이트는 1999년부터 운영되었는데, 2015년 한 국회의원이 사이트에서 유통되는 음란물을 문제 삼으며 경찰청장에게 엄격한 수사를 촉구한 다음에야 운영자가 체포되고 사이트는 폐쇄됐다. 범죄가 17년이나 방치되었던 거다. 피해 규모는 제대로 파악조차 안 되었고, 운영자 한 명만 징역 4년의 실형을 선고받았을 뿐이다. 당시로서는 이 분야 최고형 수준이었다. 법의 확실성, 신속성, 엄격성 모두가 전혀 작동되지 않은 대표적인 경우였다.

신문에 대문짝만 하게 실리며 대중을 경악시킨 사건도 크게 다르지 않다. 여성 126명과 성관계하는 장면을 몰래 촬영하고 1,400여 차례에 걸쳐 버스 정류장이나 길거리 등에서 여성의 치마 속이나 다리 등을 촬영한 남성은 징역 1년 6개월 형을 받았을 뿐이다. SBS 데이터저널리즘 팀이 2019년 한 해 동안 서울 지역 5개 법원에서 선고된 불법 촬영 사건 1심 판결문 413건(피고인 419명)을 분석했는데, 집행유예가 전체 판결의 49.2%, 벌금 36.8%, 징역형 실형 12.2%였다(평균 형량은 1년 1개월). 10명 중 9명은 재판 후 귀가했다는 뜻이다. 그런데 이 수치는 그나마 나아지고 있는 거다. 전년도(2018년)까지 벌금 비중이 46.8%로 제일 높았고 2011~2016년도에는 벌금이 72% 수준이었으니까.[27] '걸리면 벌금 내면 그만이지'라는 인식이 늘어날 수밖에 없음을 충분히 짐작할 수 있다.

젠더 감수성이 없는 판사 자질의 문제일 수도 있겠으나, 이 관대함에 불순한 의도가 고의적으로 개입되었다고는 생각하지 않는다. 하지만 시대 변화를 느슨하게 해석한 건 분명하다. 디지털 세계에서는 몸에 칼이 들어와 피가 철철 넘쳐흐르지 않아도, 성착취물 유포 피해자는 거의 '죽음'과 다름없는 고통을 느낀다. 가해자가 무기징역을 살더라도 피해자의 '영상'은 사라지지 않고 끊임없이 돌아다닌다. 말 그대로 '영원한 고통'이기에 과거의 시각과 기준으로 디지털 성범죄를 해석해서는 안 된다. 그럼에도 한국은 과거의 법전만 살펴보는 과도기가 너무 길었다.

2020년 8월, 미국 뉴욕 타임스스퀘어 전광판 두 곳에 '세계 최대 아동 성착취물 공유 사이트의 운영자가 한국 법정에서 고작 18개월 형을 선고받았다'는 메시지를 담은 15초, 30초 분량의 광고가 걸렸다. 광고를 기획한 측은 익명의 한국 여성 12명. 이들이 뭉친 것은 악명 높은 사이트 '웰컴투비디오'(전 세계 회원 수 128만 명)를 운영한 한국인 손정우에게 한국 사법부가 약한 처벌을 내린 데 이어, '미국 법으로 처벌하게 해 달라'는 미국의 송환 요청을 거절한 사건에 분노해서다.

한국 사법 당국의 판결은 관대하기 이를 데 없었다. 경찰이

기소 의견으로 송치한 사이트 회원 217명 중 재판을 받은 사람은 고작 43명이었고, 이들 가운데 손정우 말고 징역형은 아무도 없었다. 그것도 1년 6개월 형에 불과했고, 나머지 피의자는 대부분 300만 원 내외의 벌금형을 받았을 뿐이다. 영국 BBC의 한국 특파원은 "한국에서는 아동 포르노 제작자를 달걀 절도범 수준으로 취급한다."라며 비판했다.[28] 당시 한국에서 달걀 18개를 훔친 사람에게 검찰이 징역 1년 6개월을 구형한 경우가 있었는데, 이를 빗대어 한국의 물렁물렁한 법 적용을 문제 삼은 것이었다. 'n번방은 판결을 먹고 자랐다'는 표현이 괜히 등장한 게 아니다. 허술한 판결이 '악랄한 세계'의 판을 키운 셈이다.

우리나라의 사법 시스템 신뢰도가 OECD 36개[¶] 회원국 가운데 34위인 이유도 그 연장선이다.[29] 사법 시스템 불신에는 전관예우, 유전무죄 무전유죄 등의 다양한 이유가 있겠으나 '새로운 유형의 범죄'를 과거의 시각으로 접근해 터무니없는 형량을 집행하는 것도 한몫한다.

다행히 변화가 감지된다. 미흡했던 양형 기준이 상향 조정되면서 형량이 강화되었다. 피해자 입장에서는 여전히 아쉽겠지만 대한민국의 과거와 비교한다면 비약적인 판결이 등장하고 있다. 텔레그램 대화방을 개설해 성착취물 영상 3,762개를 올린

[¶] 사법 시스템 신뢰도 조사 시점인 2020년 7월 당시 OECD 회원국 수로, 2022년 현재 회원국은 38개국이다.

n번방 창시자 '갓갓'은 징역 34년 형을 받았다. n번방 접속 링크를 홍보하며 n번방 통로 역할을 한 '와치맨'은 징역 7년 형을, 갓갓의 지시를 받아 피해자를 협박하고 성폭행한 '코태'는 10년 형을 받았다. 그리고 성착취물을 브랜드화¶하려고 했다는 박사방 운영자 '박사'는 징역 42년을, 여기에 공범 '부따'(징역 15년), '도널드 푸틴'(징역 13년), '이기야'(징역 2년), '태평양'(징역 10년)도 법의 심판을 받았다. n번방을 모방한 대화방을 운영한 '로리대장태범'은 징역 7년 형을 선고받았다. 유료 회원 두 명도 범죄 집단 가입 혐의가 인정되어 7~8년의 징역형을 받았다.

이 괴상한 닉네임 소유자들의 근황을 굳이 나열하는 이유는 '온라인 성범죄는 반드시 처벌되는' 세상을 기대해서이기도 하지만, 이토록 많은 이들이 자기 역할에 충실하며 성범죄를 일종의 산업처럼 성장시킬 동안 이 사회는 도대체 무엇을 하고 있었는지를 상기하기 위함이다.

그들을 악마라고만 해서는 안 되는 이유

n번방은 아노미(anomie) 그 자체였다. 아노미는 사회적 규범이 존재하지 않는 무질서한 모습을 뜻한다. 시대가 변하는데

¶   '박사' 조주빈의 재판 중 발언이다.

기존의 규범으로는 '달라진' 행태를 제어하지 못할 때 주로 발생한다. 하지만 아노미라는 표현은 누군가에게 면죄부를 준다. 새로운 범죄 현상을 혼란한 무질서로 간편하게 규정하면 대다수 사람들은 자신과 그곳은 상관없다고 여긴다. 과연 그럴까? n번방의 악마들을 악마라고만 부르면 이 문제가 끝날까?

언론에서는 "초유의", "전례 없이" 등의 표현으로 묘사하면서[30] n번방 사건을 우주에서 온 악인들의 소행처럼 다루었지만, 우리는 독버섯이 땅에서 자랐음을 명심해야 한다. 그들이 특별히 악하게 태어나지 않았다는 것에서부터 출발해야만, 보통의 세계에서는 마주할 수 없는 악마가 아니라 출석부에 흔히 등장하는 평범한 아무개라는 걸 받아들여야만 지금껏 우리 사회가 디지털 성범죄에 소극적으로 대응했다는 걸 인정할 수 있다. 한쪽을 변태라 취급하면, 역설적으로 다른 한쪽의 문제에는 둔감해진다. n번방을 만들고 운영한 이들은 물론이고 문을 열고 들어온 이들까지, 모두가 한국의 문화 속에서 성장했다. 특별한 DNA 구조를 지니지 않았다.

범죄와 일탈을 정당화하는 현상을 사회학에서는 종종 중화(neutralization)라는 표현으로 설명한다. 가해자들이 다른 이유를 갖다 붙이면서 잘못을 인정하지 않는 경우는 여러 방식이 있는데, 대표적인 것이 죄 자체를 부정하는 거다. 특히나 디지털 범죄는 이 특성이 굉장히 도드라지는데, 그건 디지털 세상의 특성과 동일하다. 사람들이 엄청난 양의 정보를 접하다 보니, 정보가 너무 많기에 자연스레 정보의 비용에 대한 윤리 의식도 둔감해진다. 심지어 인터넷을 이용하는 비용에 인터넷을 통해 확인한 정보를 마음대로 사용할 권리도 포함되어 있다고 우기는 사람도 있다. 영화 등을 제대로 돈을 내고 보자는 취지인 '굿 다운로더'(Good Downloader)가 자리 잡는 데 오랜 시간이 걸린 것은 사람들이 불법적인 경로라 할지라도 140원, 330원, 950원을 지불하고 다운로드하는 순간 자신은 나름 도덕적이라고 생각했기 때문이다. 이때부턴 '돈을 냈으니', 그 영상과 사진은 자신의 침해받아서는 안 될 사생활 안에서 마음껏 활용된다. n번방은 훨씬 진입 비용이 높았고 단계마다 조건도 까탈스러워 최고 금액은 150만 원이었다. 구글에서 검색 몇 번하면 도달해서 즐기던 수위 '그 이상의 것'을 마주하기 위한 비용이었다. 그렇게 범죄는 상도덕을 따지는 '거래'로 둔갑했다.

자신의 범죄를 부인하는 '중화'의 또 다른 기법은 피해자에게 책임을 지우는 것이다. n번방 사건에 대해서 '큰돈을 벌게 해준다는' 말에 넘어간 피해자를 탓하는 여론도 있었으니, 실제 범죄 현장에서는 어떤 논리가 오갔을지 대강 그림이 그려진다. 요약하자면 가해자들에게 피해자들은 (스스로 피해자가 되는 상황을 자초한) "맞아 죽어도 싼 X"일 뿐이다. 그래서 갈기갈기 찢어도 무방하다고 여겼을 거다. 그 안에서 '그러면 안 되는' 가해 행위

는 '그래도 되는' 참교육, 정의 실현으로 둔갑해 음지가 양지가
된다. 개똥녀, 루저녀, 된장녀 등이라 호명하고 신상을 털면서
자신이 정의의 사도인 양 행세하는 게 허용되었던 인터넷 세상
의 특징이 그대로 옮겨 간 것이나 다름없다.

어떤 최악의 나쁨은, 그것에 비하면 매우 온순하게 느껴지
는 또 다른 나쁨과 단계적으로 연결되어 있다. n번방의 시작은
진입 장벽이 낮은 '맛보기' 대화방이었다. '호기심'이라는 순수
한 단어가 이렇게 적용되는 것이 화가 나지만 호기심으로 맛보
기 대화방에 들른 이용자 아무개가, 더 큰 궁금증으로 유료방
까지 이동하는 과정은 물 흐르듯 자연스러웠을 거다. 그저 돈
을 내고 게임 아이템을 구입하는 느낌이었을 거다. 수많은 아
무개들은 1단계 20만 원, 2단계 70만 원, 3단계 150만 원 하는
식으로 영상의 수위에 따라 등급별 차등 요금을 지불하며 유료
방에 입장해 적극적 관전자가 되었고, 성착취 범죄는 공고해졌
다. n번방 내부에 단계가 있었듯이, n번방 직전의 단계가 있고,
또 그 직전의 단계가 반드시 있다. 드러난 열매를 잘라 내고 가
지를 치는 것도 중요하지만 뿌리가 건재하다면 언제든지 나무
는 자랄 수밖에 없다. 당신이 나무 기둥이고 줄기며 열매라고는
하지 않겠다. 하지만 물을 뿌리지 않았다고 당당하게 말할 수
있는가? n번방의 괴물들은, 우리와 함께 숨 쉬며 살았다.

'한 번쯤 접해 보지' 않는 시대가 되어야 한다

'야동순재'라는 말이 있다. 2006~2007년에 방영한 MBC 시트콤 〈거침없이 하이킥!〉에서 당시 70대인 이순재 배우가 선정적인 동영상을 처음 보며 놀라는 표정이 화제였다. 이때 생긴 별명이 '야동순재'였고, 인기를 끌었으면 끌었지 논란을 동반한 화제는 아니었음이 분명하다. 모두가 재밌다 여겼고, 그만큼 자주 언급되었다. 야동의 의미를 굳이 설명할 필요는 없고 이게 코미디의 소재로 등장하고 원로 배우의 수식어가 된다는 것은, 평범한 사람도 어떤 경로로든 '포르노'라고 불리는 콘텐츠를 접해 본 경험이 있음을 뜻한다.

포르노, 혹은 그와 유사한 걸 긍정적으로 평가하는 사람은 지구상에 존재하지 않는다. '포르노를 권했다'는 부모는 없다. 누구나 께름칙하게 여기는 것이, 때론 누군가의 별명이 되기도 하면서 사람들의 웃음거리가 되는 이유는 단 하나다. 인간의 성적 욕구에 대한 관대한 이해가 깔려 있기 때문이다. 그 호기심은 막을 수 없는 것이기에, '한 번쯤 접해 보는 건' 생애과정에서 자연스럽다고 생각한다. 그러면서 그 호기심이 원인이 되어 등장한 괴상한 결과를 냉정하게 비판해야 하는 결정적인 순간을 다들 대수롭지 않게 지나치고 말았다.

이전 세상에선 '한 번쯤'이란 말로 넘어갈 수 있었다. 포르노와 그 비슷한 것들을 접하긴 해도 일상의 한 영역이 되진 않았다. 그 시대 사람들이 도덕적으로 잘나서가 아니라, 자료 접근이 수월하지 않았기 때문이다. 비디오 시대라는 1980년대에도 청소년들이 '부모님 몰래 어디에 모여서' 영상을 보는 일 자체가 굉장히 성가셨다. 어둠의 세계가 존재하지 않았다는 뜻이 아니라, 음지와 양지가 비교적 선명히 구분된 시절이었다는 의미다. 그걸로 큰돈을 번다는 생각은 애초에 불가능했다.

하지만 디지털 시대에는 누구든지, 무엇이든 다운로드한다. 끔찍한 영상과 사진으로 '헤비 업로더'가 되어 돈을 긁어모으는 구조를 한국 사회는 전혀 예측하지 못했다. 그저 '일부 어둠의 세계에서 벌어지는 일'이라고 여기던 것이 이토록 광범위하게 일상을 파고든 일종의 '산업'이 되어 버릴 줄 어떤 전문가도 예상하지 않았다.

지금은 '한 번쯤'으로 끝나는 게 구조적으로 불가능하다. 더 빨리 접하고, 더 오래 머무른다. 수요가 형성되니 공급은 자극적으로 변한다. 돈을 쓰겠다는 이들 앞에서 돈을 벌겠다는 이가 이것저것 고려할 틈은 없다. 고객을 뺏기지 않으려고 끊임없이 신제품을 개발하는 시장의 논리와 비슷하다. 연기자들의 합의된 성관계인 예전 포르노는 상품성이 없으니 '리얼리티'가 이를 대체한다. 연인 사이의 은밀한 동영상이 유출되고, 몰래 찍은 영상들이 공유된다. 사람들은 연기자가 아닌 피해자를 감상한다.

이미 콘텐츠가 퍼질 대로 퍼지면, 사회의 제재가 있다 한들 욕망이 제어되지 않는다. 접근을 차단해도 그 차단을 뚫는 기술이 등장한다. '우회해서 접속하는 법'은 이제 검색 몇 번이면 알 수 있다.

그런데 시대 탓만 하면 그만일까? n번방의 주요 인물 대부분이 20대라는 점에만 초점을 맞춰서, 더러운 공기를 어린 나이에도 쉽게 마실 수 있는 게 지금 시대의 특징이라고 설명하면 이는 현상 분석에 지나지 않는다. 맑지 않은 윗물이 과거보다 훨씬 빠른 속도로 아랫물에 도달하고 고이는 상황에서, 문제의 핵심이 더러운 윗물이라는 점에는 변함이 없다. '한 번쯤' 그래도 되는 시기란 애초에 존재하지 않았어야 했다. "다들 그러면서 크는 거지."라는 말을 신중히 사용했어야 했다.

상황이 이 지경에 이른 데에는 성 관념의 변화를 천편일률적으로 분석한 분위기도 한몫했다. 예를 들어 젊은 세대의 성 의식이 어쩌고저쩌고 달라졌다는 기사에는 한국 사회에서 성은 보수적으로 다뤄졌는데 이제는 자유로워야 한다, 작금의 변화는 굴레를 깨는 긍정적인 신호다 등의 설명이 필요 이상으로 남발되었는데, 한번 따져 보자. 보수적인 성 관념의 문제점이야 충분히 알려졌다. 여기에는 결혼 전에 순결을 지켜야 한다, 성관계를 하면 결혼을 해야 한다는 등의 강박적인 관념을 지적하는 것도 있지만 핵심은 보수적이라는 성 규범이 '여성을 존중하는 것'

과 무관했기 때문에 문제였던 거다. 기준은 여성에게만 엄격했다. 혼인 전 성관계는 남성에게는 한 번쯤이라면서 용인되었지만 여성의 한 번쯤은 낙인의 지름길이었다.

성의 자유로움을 강조하는 이유는 이런 무례한 차별을 깨트리기 위함이다. 성적 자유는 어디서나 성적으로 즐긴다는 뜻이 아니라, 직장에서 음담패설을 듣지 않을 자유를 말한다. 내가 싫으면 성관계를 하지 않을 자유를 말한다. 개방적인 성 관념은 어릴 때부터 섹스를 즐긴다는 게 아니라, '성을 무기로' 사람을 구속하지 않고 함부로 판단하고 조롱하지 않음을 뜻한다. 하지만 이런 설명이 낯설었던 한국에서 성적 자유는 오용되었다. n번방은, 성을 자유롭게 말하는 시대가 얼마나 엉성하고 엉망으로 흘러갔는지를 대변한다. n번방 악마들은 '우리들의 문화'를 뚜벅뚜벅 지나서 '그들만의 리그'를 차근차근 완성했다. 이를 부인한다면, 또 썩은 열매가 무럭무럭 자라서 뚝뚝 떨어진 다음에야 그저 딴 세상의 괴상한 일이라고 취급하며 뒷북만 칠 것이다. 반복하기 싫다면, '지금 여기'에 예민하자.

아직 끝나지 않은 이야기,

n번방의 끈질긴 부활

이번 챕터를 마무리하던 시점이었다. 뉴스에서는 "여전히 SNS에서 미성년자를 성적 착취하는 n번방 망령이 활개치고 있다"[31]는 앵커의 목소리가 들린다. 사회가 그 난리를 쳤음에도 여전했다. 수법도 같았다. 궁지에 몰린 피해자들에게 신상을 유포하겠다면서 괴롭히는 비슷한 가해 유형이다. 불법으로 확보한 개인 정보를 미끼로 노출 사진을 요구하고, 다시 이를 빌미로 동영상 촬영을 강요하는 식이다. 기사의 마지막은 취재한 자료를 경찰에 넘겼다고 마무리된다. n번방처럼 역시나 국가 공권력이 먼저 움직이지 않는다. 기자의 눈에 포착되지 못한 또 다른 n번방에선 지금도 악마들이 덫을 놓고 설쳐 대고 있다. 피해자들의 고립감을 내가 어찌 이해할까.

n번방은 운 좋게도 사회적 관심 속에 가해자들이 법의 심판을 받긴 했지만, 수사기관에서 특수 부서를 임시적으로

만들어 많은 인력을 동원하고 사법부가 여론의 눈치를 본 결과였으니, 엄밀히 말해 시스템이 해결한 게 아니다. 정치권은 'n번방 방지법'[1]을 만들었지만 정작 텔레그램 메신저 같은 비공개 SNS 대화방 안에서 벌어지는 사적이고 은밀한 거래는 막지 못한다. 설사 가능하다 해도 사생활에 대한 과도한 침해라는 논란이 계속될 것이다. 이 문제의 본질은 '디지털'이 아니라 '성착취'에 있다. 무엇이 '퍼지지 않게 하는' 고민만이 아닌, 그 '무엇'의 싹을 전방위적으로 찾고 과감하게 자르는 용기가 필요하다.

¶   n번방 사건 이후 디지털 성범죄 확산 방지를 목적으로 국회를 통과한 7개의 법률 개정안을 가리킨다.

"임신 중지 금지에 대한 재판에는
여성의 '운명 통제권'이
달려 있다." [32]

— 미국 연방대법원 대법관

　　루스 베이더 긴즈버그Ruth Bader Ginsburg

아홉 번째 민낯,

우리는 계속 수군댈 것이다

— 나는 출산의 도구가 아니다¶, 낙태죄 폐지 —

성적 자기결정권이 낯선 사회

2015년 3월, 새 학기 첫날이었다. 신입생에게 사회학을 소개하는 강의였다. 고등학교를 갓 졸업한 학생들을 만나는 건 어색하지만 한 개인이 20여 년간 한국에서 어떻게 '사회화'되었는지를 알 수 있는 시간이기도 하다. 나는 따끈따끈한 시사 이슈를 던지면서 생각을 묻는다. 이들의 답은 날것 그대로의 가치관이겠지만, 정확히는 가장 한국적인 관념의 표출일 거다. 한국에

¶ 낙태죄 폐지(임신 중단 합법화)를 요구하는 이른바 '검은 시위' 현장에서 무수히 등장했던 구호다. 한국에서는 2010년 3월 4일, 20여 개의 시민단체가 "여성의 몸은 국가 발전을 위한 출산 도구가 아니다."라는 선언문을 채택한 게 계기가 되었다. 이 선언문은 전날 발표된 정부의 '불법 인공임신중절 예방 종합 계획'에 대한 항의였다. 계획에는 '불법 낙태 시술기관 신고센터'를 만들어 강력히 단속한다는 내용도 있었다.

서 대학생이 된다는 건, 정해진 틀 속에서 비슷비슷한 생각을 서로 듣고 공유하며 10년 넘게 살았음을 뜻하니 말이다.

그날은 간통죄 폐지가 주제였다. 며칠 전이던 2월 26일, 배우자가 있는 사람이 간통한 경우 2년 이하의 징역에 처하도록 규정한 형법 제241조가 헌법재판소의 재판관 '7 대 2' 의견으로 위헌판결을 받으며 제정 62년 만에 효력을 상실하였다. 간통죄 폐지는 오랜 이슈였다. 1984년 8월 3일 《경향신문》 1면에는 법무부가 간통제 폐지를 추진한다는 내용이 등장한다. 윤리적 비난만으로도 족한 범죄는 형법 조항에서 삭제해야 한다는 설명이 따라붙었는데, 법이 사람들의 일상에 어디까지 개입할 수 있는지에 대한 물음이었다. 간통죄는 1990년부터 다섯 번이나 헌법재판소의 심판을 받았고, 그러는 사이에 국가가 개인의 성적 결정에 과도하게 개입할 수 없다는 공감대가 차근차근 형성되었다. 게다가 '삽입과 사정'이 간통의 증거여서 '현장에서 콘돔을 싼 휴지부터 찾아야' 다음 단계를 진행할 수 있었으니, 법 자체의 일상적 적용이 괴상하기 짝이 없었다. 위헌판결은 이 성가심에 종지부를 찍었다.

과정은 쉽지 않았다. 무엇보다 간통죄가 여성을 보호하는 기능이 있(다고 여겨졌)기 때문이다. 간통죄가 형법 조항으로 포함된 1950년대는 남성들의 축첩이 만연하고, 여성에게만 정절이 강요되던 불평등한 시대였다. 그 시절에 남녀 쌍벌(雙罰) 규정, 즉 남자건 여자건 간통을 하면 모두 '똑같이' 처벌하는 형법 조항은 일견 여성을 보호하는 측면이 있었다. 이를테면 불륜을 저지른 남편이 간통죄 처벌을 받으면, 이혼이 자동으로 성립되면서 귀책사유가 명확해져 재산 분할도 비교적 일사천리로 진행되었다. 이 이유는 지금도 간통죄 필요성으로 언급될 정도인데, 부부 관계를 파탄 낸 남편의 배신을 마주하고도 이혼 서류에 도장 안 찍는 남편 때문에 속앓이하던 여성이 그만큼 많았다는 말이다. 하지만 '그래서' 간통죄가 필요하다는 건 좀 서글프다. 여성의 삶은 어쩔 수 없다는 체념을 전제해야만 하니 말이다.

위헌판결에 '여권 신장'이 배경으로 언급된 점은 곱씹을 만하다. 여성의 경제활동이 활발해지면서 주체적이고 개방적인 관계를 추구하는 여성이 늘어날 거라는 인식, 사적 영역에서 이루어지는 복잡한 개별 관계를 단일한 잣대로 평가할 수 없다는 판단 등 개인의 성적 선택을 바라보는 사회 분위기가 과거와 많이 달라졌음을 실감할 수 있다. 무엇보다 남편 없으면 어떻게 사냐는 괜한 공포감으로부터 여성이 자유로워질 수 있는 시대가 등장했음을 알리는 신호이자, 그런 삶을 희망하라는 메시지이기도 하다.

그날, 나는 이런 대답을 기대하면서 학생들에게 질문을 던지지는 않았다. 대한민국에서 학창 생활을 보낸다는 것은 '정상가족' 이데올로기가 요구하는 규범 및 역할을 충실하게 수행한다는 의미이고, 보호의 명분으로 개인을 둘러싼 울타리는 성적 자기결정권을 제한하는 패러다임을 개인에게 직간접적으로 설파한다. 그래서 불과 몇 개월 전에도 울타리 안에 있을 수밖에 없었던 개인들은 '간통'이라는 단어가 머리에 들어오는 순간 자동적으로 "만약에 내 부모가?"라는 질문과 연결해서 답을 찾는다. 간통을 개인의 성적 자기결정권과 연관시키기 전에, 한 가정을 흔드는 문제적 사건으로 취급한다는 것이다. 긍정적으로 해석할 수 있는 지점이 전혀 떠오르지 않는 건 당연하다. 젊은 세대의 성 관념이 과거에 비해 개방적이라고 하지만, 간통에 대한 판단만은 여전히 가족주의 안에서 다뤄질 수밖에 없는 이유다. 가족주의라고 해서, 하늘이 맺어 준 인연이 소중하다 같은 순진한 인식은 아니다. 한국에서 부모의 온전한 도움을 받지 못하는 자녀는 여러모로 힘들고, 특히 입시를 앞두게 되면 더 곤란해지기에 '가급적 간통이 죄이길' 희망한다는 뜻이다. 한국 사회에서 무탈하게 살려면 가정이 해체되지 않는 게 훨씬 효율적이라는 거다.

그렇기에 나는 논의에서 한국이라는 상황을 빼라고 제안한다. 여러 변수를 접어 두고 간통이 죄가 되어야 하는 더 큰 이유를 말해 보라고 한다. 가정이 법의 눈치를 보고 화목하다면 어딘가 이상한 거 아니냐는 물음에, 십중팔구 답은 이렇다. "간통죄가 폐지되면 불륜이 합법적인 게 되는데, 그래서 너도나도 죄

의식 없이 간통을 하다 보면 어떤 세상이 오겠습니까!"

내 의도였다. 간통죄 폐지에 찬성하는 건 불륜은 합법이라고 외치는 게 아니라, 간통을 합법과 불법의 잣대로 나눌 수 있는지 따지자는 것이다. 애초에 문제 설정부터 잘못됐다고 묻는 것인데, 끝까지 이분법적 사고를 벗어나지 못한다. 간통의 법적 잣대를 없애야 한다는 걸, '모두가 간통을 즐기는 아름다운 세상'을 원하는 것처럼 해석한다. 무엇이 공적 영역에서 죄로 규정되지 않는 게 사적 영역에서까지 거리낌 없이 그래도 된다는 면죄부가 주어지는 게 아님에도, 둘을 한 치의 틈도 없이 일치시킨다. 간통'죄' 폐지에 찬성하는 것과 간통에 찬성하는 것은 완전히 다른 이야기이지만, 같은 이야기로 듣고 말한다. 간통죄 폐지를 간통의 찬성과 불륜의 자유로 이해하기 전에, 간통이 유독 한쪽 성별에게 더 굴레이자 낙인의 이유였다는 걸 짚어야 하는데 많은 이들이 분명히 존재하는 차별과 혐오 항목을 해당 사항 없음으로 비워 버린다. 그러니 성적 자기결정권은 '방탕'으로 연결되어 '문란함'을 상징하게 된다. 이를 덜어 내지 못한 토론이 좋은 결실을 맺어 사회를 유익한 방향으로 유인할 리가 없다. 고정관념을 야기하는 제도에 관해 문제를 제기하는데, 그 고정관념의 연장선을 붙들고 있으면 변화는 불가능하다. 그런데 이 풍경, 기시감이 든다.

즐겁게 낙태하는 여성은 없다

낙태죄에 대한 토론 현장에서도 마찬가지였다. 낙태를 형법의 영역에 포함시킬 수 없다는 주장은 '낙태 천국'을 희망해서가 아니다. 낙태죄를 폐지하자는 건 태아도 생명이라는 사람을 바보 취급하는 게 아니다. 여성이 자기 신체에 대한 권리를 지녀야 한다는 건 "자유롭게 섹스하다 임신해도 지우면 그만이지."라고 말하는 게 아니다. 하지만 늘 그것과 별반 다름없는 이야기가, '낙태죄를 폐지하면 안 되는 이유'가 전개될 때마다 불쑥불쑥 등장한다. 처음에는 출산 없이 사회 공동체가 유지될 수 없다는 거창한 내용의 일장 연설이 이어지다가 곧 생명의 소중함과 그 아름다움에 대한 찬사가 등장한다. 그러다가 생명 경시 풍조로 순식간에 논조가 전환되면서 '나쁜 사람들'이 언급된다. 결국엔, 여성이 헤퍼진다는 말이 불쑥 끼어든다. 낙태죄 논란에서 빠지지 않고 등장하는 질문인 '남자는 왜 책임지지 않는가?'는 처음부터 고려하지 않았음을 실토하는 셈이다.

낙태 이슈는 여성의 자기 신체에 대한 결정권을 수면 위로 끄집어내는 것으로부터 출발해야 하는데, 한국 사회에서 '자기 결정권'이란 말은 간통죄에 대한 천편일률적인 논의처럼 수박 겉핥기로 다뤄져 왔다. 특히 여성과 출산을 독립적으로 바라보는 게 서툴렀던 오랜 문화적 관습은 낙태와 여성을 윤리의 영역에 묶어 낙태한 여성을 무책임하고 타락한 존재로 낙인찍는 관성을 자연스레 야기했다. 그러니 토론회장에서는 평소 가져 왔던 편견을 이때다 하며 혐오의 용어로 뱉는 사람이 곧잘 등장한다. 어휘가 직접적이지 않다 할지라도, 속살은 '낙태를 찬성하는 여자는 매우 이상할 것'이라는 누구나 한 번쯤 들었거나 했을 수군거림과 흡사하다.

절대 그런 의도는 없었다고 따질 사람도 있을 것이다. 종교계에서는 내 주장이 지나친 비약이라고 할 것이다. 자신들은 오직 생명 자체에만 초점을 맞추어서 인간 존엄성에 대해 말했을 뿐인데, 왜 논점을 이탈하냐고 내게 따질 거다. 하지만 사회는 간단명료하게 흘러가지 않는다. 순수한 주장 한 덩어리가 오염된 담론으로 전환되는 건 한순간이다. 특히 정치가 끼어들면 말이다. 보수와 진보를 아군 적군 개념으로 받아들이는 이들은 이슈를 핑계 삼아 전쟁터에 온 것처럼 상대를 공격하기 바쁘다. 그래서 모든 생명은 소중하기에 낙태는 반대한다면서, 동시에 어떤 생명은 소중하지 않기에 사형제가 반드시 필요하다고 주장하는 정치 진영이 존재한다. 이런 무대 위를 부유하는 '태아도 생명이다'라는 말은 임신·출산의 당사자만이 겪는 복잡한 경험과 혼란한 심리 상태를 생명윤리 문제로 쉽사리 응축시켜 버리는 다분히 사변적인 주장일 뿐이다. 사변적이라는 건 경험에 의하지 않고 오직 생각에만 의존한다는 것인데, 왜 이런 표현을 했는지는 단박에 설명할 수 있다.

낙태를 '웃으면서' 하는 사람은 없다. 태아가 잠재적 생명이라는 사실을 부정하는 '낙태 찬성론자'는 단언컨대 아무도 없다. 하지만 그 가치관이 당사자로 하여금 원치 않는 임신을 지속했을 때 닥쳐올 상황의 무게감을 고민하는 걸 멈추게 하지 않는다. 임신과 출산은, 임신을 하고 출산을 할 사람의 문제다. 자신의 신체에서 벌어지고 있는 변화에 대해 어떤 결정을 내리는지, 즉 임신 유지와 임신 중지 가운데 어떤 선택을 하는지에 따라한 인간의 생애가 완전히 달라질 수 있다. 여기엔 경제적 요인은 물론 개인의 사회적 위치, 미래에 대한 계획 등이 복합적으로 얽혀 있다. 복합적이니 더더욱 단순하게 생각하기 어렵다.

출산은 한 인간의 삶을 흔들 수천 가지의 변수를 고려해야하는 일인데, 이 중대한 결정을 내릴 권리가 '임신 순간부터 출산까지' 개인에게서 정지되도록 법이 개입해 통제하는 게 마땅한가? 법이 그러하니, 당사자가 짊어지고 있는 무수한 실타래들은 단번에 무시해야 하는 걸까? 임신이 출산으로 이어지도록 긍정적인 사회 분위기를 만드는 것과 출산 이외의 선택을 벌하면서 낙태를 부정적인 인식에 가두는 건 엄청난 차이인데 말이다. 이 지점을 짚자는 건 헌법재판소의 낙태죄 헌법불합치 판결에도 고스란히 드러난다.

임신·출산·육아는 여성의 삶에 근본적이고 결정적인 영향을 미칠 수 있는 중요한 문제이므로, 임신한 여성이 임신을 유지 또는 종결할 것인지 여부를 결정하는 것은 스스로 선택한 인생관·사회관을 바탕으로 자신이 처한 신체적·심리적·사회적·경제적 상황에 대한 깊은 고민을 한 결과를 반영하는 전인적(全人的) 결정이다.

— 2017헌바127 형법 제269조 제1항 등 위헌소원 결정 요지 일부

2019년 4월 11일, 1953년에 제정되어 66년간 존속했던 낙태죄는 폐지된다. 임신한 여성이 낙태하면 1년 이하의 징역 또는 200만 원 이하의 벌금에 처하는 '형법 제269조 제1항'과 낙태술을 시행한 의료인을 2년 이하의 징역에 처하도록 하는 '형법 제270조 제1항'은 7 대 2의 헌법재판관 의견으로 역사 속으로 사라진다. 재판관 네 명은 태아 22주 전까지는 여러 사정을 고려하여 낙태가 가능해야 한다는 헌법불합치 의견을, 세 명은 14주 전까지는 외부의 개입 없이 온전히 당사자의 판단으로 낙태를 결정해야 한다면서 단순위헌 의견을, 두 명은 합헌 의견을 냈다. 다수의견에 따라 확정된 헌법불합치결정은 갑작스러운 위헌결정에 따른 혼란을 막기 위해 기존 법을 당분간 유지하는 장치다. 2020년 12월 31일까지 국회가 법을 개정하지 않으면 법의 효력은 자동으로 상실되는 것이었는데, 국회가 별 관심을

가지지 않은 채 시한을 넘겨서 지금은 효력만 상실되고 어정쩡한 상태다.

헌법재판소의 결정이 의미하는 건 낙태하라는 게 아니다. 제한적 허용이 결정의 골자이기에 여성이 언제든지 낙태할 수 있는 것도 아니다. 물론 임신 기간과 상관없이 본인이 희망하면 낙태를 허용해야 한다는 주장도 있지만, 논란이 많고 추세를 볼 때 단번에 그 단계로까지 나아가긴 쉽지 않을 것이다. OECD 회원국 대부분에서 낙태를 허용하지만 임신 주수와 상관없이 이유를 전혀 따지지 않는 경우는 드물다. 일정한 기간 이후에는 '이런저런 경우'라는 단서가 대개 붙는다.

현재로서는 우리나라 역시 특정 시기 이전까지는 이유를 묻지 않아야 하는 방향으로 추진될 가능성이 커 보인다. 판결문은 태아가 적절한 의료적 도움이 있다면 독자적인 생존이 가능하다는 22주를 일종의 한도로 제시했다. 그 이후에는 출산을 유도하는 방향을 찾으라는 거였다. 정리하면 임신 초기에는 사유 불문 가능, 중기에는 다른 요인들을 종합적으로 판단하여 결정을 내릴 수 있는 형태, 마지막 3개월은 금지하는 식이다. 초기, 중기, 말기를 어떻게 구분할지가 중요한 쟁점이다. 참고로 한국보건사회연구원의 '인공임신중절 실태 조사'(2018년)¶에 따르면

¶　만 15세 이상 44세 이하 여성 1만 명 조사(조사 기간 2018년 9월~10월).

낙태를 선택한 이들은 평균 임신 6.4주 차에 수술을 받았다. 전체 낙태의 84%가 임신 8주 전, 95.3%가 12주 전에 이루어짐을 고려할 때, 논의되고 있는 제한적 낙태 허용도 꽤나 많은 이들의 고민을 줄여 주는 건 분명하다.

인간 신체 내부의 변화가 자로 줄을 긋듯 21주엔 괜찮고 22주엔 안 괜찮은 것이 아니니 논란은 여전하겠지만, 1973년에 제정되어 여성을 괴롭히던 '모자보건법'의 덫에서 많은 이들이 조금이나마 벗어나지 않겠는가. 모자보건법 제14조는 부모에게 유전적 문제가 있거나 임신 지속이 임신부의 건강에 중대한 위험을 일으킨다고 전문가에게 인정받는 경우, 그리고 성폭행이나 혈족 간 임신 등에 대해서 제한적으로 임신 중절을 허용했고, 이를 제외하면 낙태죄가 성립되었다. 하지만 실제 낙태는 다른 이유로 이루어지는 것이 현실이다. 앞선 한국보건사회연구원 조사에 따르면 낙태 이유에 대한 복수 응답(2개) 항목에서 자신의 건강(9.1%), 태아의 건강(11.3%), 강간(0.9%) 등의 사유보다 사회 활동에 지장(33.4%), 경제 상태(32.9%), 자녀 계획 문제(31.2%)가 훨씬 높게 나타났다. 모자보건법이 현실의 무게감을 전혀 이해하지 못한다는 말이다. 한국여성정책연구원의 2017년 조사에 따르면,¶ 우리나라에서 낙태를 했거나 고려한 사람 가

¶   만16세 이상 만44세 이하 성관계 경험이 있는 가임기 여성 2,006명 대상.

운데 모자보건법이 허용하는 합법적인 기준을 충족한 사유는 1.1%에 불과했다.[33] 그런데 법률에서 허용하는 특정한 기준에 해당하더라도 배우자의 동의가 반드시 필요했고 '배우자가 사망하거나 실종'된 경우에 한해 여성 본인의 동의만으로 낙태가 가능했으니, 여성은 지금껏 '임신을 하면' 스스로 결정할 수 있는 게 아무것도 없었던 셈이다.

　게다가 마치 '생명이 너무나 소중해서' 엄격한 기준을 마련한 것 같은 모자보건법의 조항들이 오히려 '이런 경우엔 낙태하는 것이 당연하다'는 인식을 만들었다는 점도 부인할 수 없다. 이명박 전(前) 대통령은 대선 후보 당시 언론사와의 인터뷰에서 낙태에 대한 입장을 묻는 질문에 "기본적으로는 반대인데, 아이가 불구로 태어난다든지, 이런 불가피한 낙태는 용납이 될 수밖에 없는 것 같아요."[34]라고 답을 해 논란이 된 적이 있다. 이런 차별에 동의하는 한국인들은 정말 많다. "기본적"이라고 한 건 생명의 소중함을 누가 부인하겠냐는 추임새 같은데, 그 기본에 모든 사람이 다 포함되어 있지는 않아 보인다. 장애인은 정상이 아니라는 인식, 그래서 장애인이 될 소지가 있는 태아를 없애는 일은 생명권과 무관하다는 이중적인 시선이 그대로 드러난 발언이다. 어떤 여성이 '아이에게 장애가 있는 줄 알았지만 출산을 선택했다'고 고백을 하면, 이해되지 않는다면서 수군거리는 분위기도 이와 무관치 않다. 재미난 것은, 누가 '그래서' 낙태를 했다고 말한들 마찬가지라는 거다. 낙태를 해도, 안 해도 이기적이라고 욕먹는 게 바로 여성인 것이다.

낙태는 법으로 통제할 수 없다

올챙이처럼 생긴 무엇이 맹렬히 전진한다. 수천 수백 개는 되어 보인다. 이글이글하는 동그란 무엇과 만나는데, 그 순간 번개가 내리꽂듯 강렬한 전류가 번쩍거린다. 수백 개 가운데 단 하나가 타원 안으로 파고들면 전자파가 빠지직거리며 파동이 일어난다. 그리고 '1일'이라는 자막이 등장한다. 이 자막은 곧 '4주'가 됐다가 '5개월'로 바뀌고, 화면 속 원 안에서는 '아기'의 형태가 서서히 등장한다. 웅장한 음악이 등장하고 생명의 신비라는 말이 반복된다. 그리고 아름다운 생명을 파괴하는 일, 그것이 바로 낙태라면서 이제부터 보게 될 영상을 주목하란다.

자궁 안으로 수술 도구가 들어온다. 태아는 집게와 칼을 피해 필사적으로 도망치다가 잡혀서 조각조각 절단 난다. 말 그대로 능지처참이다. 아기의 몸통이 싹둑싹둑 잘려 나가는 모습을 본 이들은 경악을 금치 못한다. 그걸 보고도 담담하다는 건 인간이라면 불가능하다. 태아의 입이 클로즈업된다. 사람이 비명을 지르는 모습과 흡사하다. 마치 "이래도 낙태가 살인이 아니냐!"고 외치는 것 같다. 그리고 신체 외부로 무엇이 나온다. 피묻은 사람 신체 일부를 연상케 하는 조각들이 등장한다. 〈소리 없는 비명〉(The Silent Scream)의 내용이다. 1984년에 미국에서 제작된 28분짜리 영상이다. 자문과 해설을 맡은 버나드 네이선슨Bernard Nathanson 의사는 낙태 클리닉을 운영하다가 초음파로 태아를 관찰 후 충격을 받아 영화를 제작한 것으로 알려져 화제가 되기도 했다.

영상이 끝나면 주최 측은 10주 된 태아의 실제 크기 발 모양 배지를 기념품으로 제공한다. 눈물 흘린 사람들은 이를 자기 옷이나 가방에 부착하고 적극적인 낙태 반대 홍보 대사가 되어 일상을 살아간다. 1980년대 이후 낙태의 위험성을 알린다는 교육은 주로 이런 식이었다. 그 영상은 학교에서 학생들에게 많이 보여 주었고, 특히 낙태 반대 운동에 적극적인 천주교에서 유용하게 활용한 자료다. 주일학교 학생들이 천주교 재단의 사회복지 기관에 봉사 활동을 하러 오면 예외 없이 상영했다. 나 역시 고등학교 2학년 시절이던 1995년 여름, 성당의 주일학교 여름 캠프로 꽃동네에 봉사 활동을 갔던 첫째 날 저녁에 수백 명이 대형 강의실에 모여 그 영상을 보았다. 2000년대 들어서도 같은 곳에서 유사한 경험을 했다는 증언이 많다. 지금 생각해 보면 한여름 밤에 오싹한 스릴러를 강제 시청하고 억지로 감상문을 작성하는 기분이었다.

이 영상은 등장 당시부터 논란이었는데, 아기(baby)와 태아

(fetus)를 구분하지 못한 왜곡된 자료라고 주장한 전문가들이 많았다. 이들은 태아가 외부 자극에 반사적으로 움직이는 것을, 위험을 직감하고 수술 도구를 피한다는 식으로 해석하는 것은 무리라고 했다. 영상의 프레임 속도도 조작되었고, '비명을 질렀다'는 입 모양은 조직의 꿈틀거림에 불과하다는 문제 제기가 이어졌다. 물론 논란의 중심에 있었던 버나드 네이선슨은 2008년에 사망할 때까지 조작은 없었다고 주장했지만, 임신 10주 차 전후로 태아가 '대뇌'를 통해 고통을 인지한다는 것은 불가능하다는 것이 전문가들의 일관된 견해다. '불길한 예감'으로 태아가 피해 다닌다는 건 상황을 위협적으로 느낀다는 것인데, 이러한 인지능력과 판단력은 임신 초기에는 불가능하다는 말이다. 임신 10주 차 태아와 10일 후에 세상에 나올 사실상의 아기는, 결코 동일하지 않다. 종교적으로 믿는다고 해도 과학적으로는 사실이 아니다. 어제 임신 사실을 알게 된 사람이 낙태를 원하는 것과 내일 출산이 가능한 사람이 낙태를 선택하는 것은 전혀 다른 종류의 문제다.

논쟁은 종종 비슷한 구도로 벌어지는데, 2019년 미국에서 개봉한 영화 〈언플랜드〉(Unplanned)도 마찬가지였다. 영화는 낙태 상담사로 일하다가 우연히 수술실에서 13주 된 태아의 낙태 모습을 보고 충격에 빠져 낙태 반대 운동가로 변한 애비 존슨Abby Johnson의 실제 일대기를 담았다. 저예산 영화였지만 흥행에 성공해 화제가 되었는데 역시나, 전문가들은 '태아의 반응'에 대한 지나친 해석이라면서 우려를 나타냈다. 언론에서는 낙태 반대를 위한 선동 영화(Anti-Abortion Propaganda Film)라며 강한 단어를 사용했고[35] '터무니없는'(ridiculous), '피투성이의 난장판'(gory mess) 등의 표현을 동원해 혹평했다.[36] 평론가들이 "낙태를 즐기자!"라고 말하기 위해서 이러는 것일까? 아니다. 낙태 반대에 대한 이런 접근들이 임신 중단 논의에 얽힌 다양한 층위를 지나치게 납작하게 찌그러트리기 때문이다. 표현의 자유를 둘째가라면 서러워할 정도로 존중하는 영화 평론가들이 이토록 절레절레하는 이유는, 그 자유가 오랫동안 숨죽였다가 겨우 튀어나온 모난 돌을 내리치는 정이나 마찬가지이기 때문이다.

"지난 세기 전 세계는 인종을 순수하게 만들기 위해 나치가 한 행동들에 분개했다. 오늘날 우리는 그와 똑같은 짓을 (의료용) 흰 장갑을 통해 하고 있다."[37]

낙태를 반대하는 교황 프란치스코Pope Francis의 말이다. '태아가 기형이면' 낙태하는 게 당연한 문화를 비판하는 자리였기에 그 취지가 무엇인지는 잘 알겠다. 하지만 낙태 행위를 악마의 선택처럼 묘사하면 '생명권 대 선택권'이라는 고리타분한 논쟁만 재연될 뿐이다. 그리고 그 끝에는 '여성이라면 받아들여야 한다'는 우주의 기운이 강화된다. 추상적인 생명 담론은 '문란하다'와 '조신하다' 사이에 여성을 가둔다. 나아가 '여성이기에' 몸가짐이 달라야 한다는 성차별적 시선을 굳건히 하는 연료로 사용된다.

역사는 증명한다. 낙태를 법으로 통제할 수 없다는 사실은 분명하다. 칸영화제 황금종려상 수상작인 영화 〈4개월, 3주... 그리고 2일〉(2007)은 니콜라에 차우셰스쿠Nicolae Ceausescu 독재 정권(1965~1989년 집권)에 신음하던 1987년의 루마니아를 배경으로 한다. 감독은 불법으로 낙태 시술을 받는 여성의 고뇌와 예기치 않은 상황을 과장하지 않고 담담하게 화면에 담는다. 당시 루마니아에서 임신 4개월 이후의 낙태는 살인으로 간주되었다. 4개월이 넘었으니 더 큰 처벌을 감수해야 한다며 의뢰인의 절박함을 빌미 삼아 성관계를 요구하는 시술자 앞에서 별다른 선택을 할 수 없는 주인공의 모습은 법이 개인을 어떻게 괴롭히는지 적나라하게 보여 준다. 차우셰스쿠는 나라가 부흥하려면 인구가 많아야 한다고 믿고 낙태와 피임을 막무가내로 금지시켰다.[¶] 초기에는 출산율이 일시적으로 올랐지만 지속적인 효과는 없었다. 그 대신 산모의 사망률은 7배나 높아졌다. 몰래 낙태하고 출산을 한다는 건 사고가 나도 책임질 사람이 없는 곳에 자

[¶]   '포고령 770'(Decree 770)이라고 불렸다. 1966년에 시행되어 1989년 12월 루마니아 혁명 때 폐지.

신의 몸을 맡겼다는 뜻이기 때문이다.[38]

불법이기에 수술 중 문제가 발생하면 후속 조치가 어렵다. 우리나라에서는 2012년 한 여성이 낙태 수술을 받던 도중 출혈로 인해 응급 상황이 발생했지만, 불법 수술이 알려지는 것을 두려워한 의료진의 늦은 대처로 사망하는 일이 있었다. 가톨릭 국가로 꼽히는 아일랜드가 2018년 국민투표를 통해 낙태죄를 폐지하며 임신 12주 이내의 낙태에 대해서 제한을 두지로 않기로 하는 데 결정적인 영향을 끼친 것은, 낙태 수술이 지연되어 임신부가 사망한 2012년의 비극적인 사건이었다. 이 일을 계기로 매년 수천 명이 다른 나라로 가서 낙태를 한다는 사실이 주목을 받으며, 낙태를 죄로 규정하는 것이 사회적 실익이 있는지에 대한 논의가 힘을 얻었기에 변화가 가능했다. 낙태를 '죄'로 규정한들 효과는 미미하다는 걸 증명하는 분명한 사례이기도 하다.

'낙태죄 폐지'는 '낙태할 자유'와 같은 의미지만, 다른 결이 있다. 낙태죄라는 사슬을 푼 것은 자유를 향한 갈망이기 전에, 자유가 '없었을 때' 여성이 어떤 고충에 허우적거렸는지를 간과하지 말자는 의지가 반영된 결과다. 여성의 몸에 국가가 기준을 들이대며 왈가왈부하는 정도를 조금이나마 줄였다고 해야 적당할 것 같다. 여성에게 강요된 자기 몸에 대한 수동적인 태도를 약간이라도 희석시키는, 제도의 긍정적 변화임을 먼저 짚어야 한다.

덕분에 '낙태는 불법인데 어떤 경우에 가능하지?'라는 제한적인 물음이 '낙태는 개인의 선택인데 어떤 시기에 신중히 생각해야 하지?'로 전환되고 있다. '경우'와 '시기'는 엄청난 차이가 있다. 전자는 '허락된 경우'에서 벗어난 개인들이 온갖 편견 속에서 자유로울 수 없음을 뜻하지만, 후자는 40주라는 임신 기간에 대한 객관적 지식의 토대 위에서 임신과 출산, 나아가 몸에 대한 자기결정권을 오롯이 스스로 갖는 것이기 때문이다.

'엄마'는 있고 '여성'은 없다

우리가 일상적으로 내뱉는 말 가운데 고정관념을 전제한 표현이 많다. 고정관념이 강할수록 표현은 매우 즉각적이며, 때로는 공격적으로 표출된다. 공공장소에서 아이의 소란스러움을 참지 못하고 짜증 가득한 목소리로 "엄마는 뭐 하는 거야!"라며 화를 내는 경우를 보자. 이게 가능하려면 세 가지 고정관념이 견고해야 한다.

우선, 아이에게 반드시 '부'나 '모'가 있을 거라는 건 모두가 정상가족이라 불리는 가족형태 속에서 살고 있다고 여겨서다. 최근 '학부모'라는 표현을 '보호자'로 바꾸자고 하는 건 이런 기본값에 대한 성찰이다.

두 번째 고정관념은 십중팔구 '엄마부터' 떠올리는 시선이다. 육아의 일반적인 모습이 특정 성별에게 치우쳐 있지 않고서야 불가능한 인식일 거다.

마지막은 그 엄마를 찾는 격앙됨에 있다. 정말로 엄마를 찾아 주려는 안쓰러운 마음이 아니라, '도대체 엄마란 사람이!'라는 위압스러운 태도가 드러나는 게 다반사다. 엄마가 자기 역할 못했으니 욕먹어도 싸다는 식인데, 이 편견 안에서 엄마의 어쩔 수 없는 상황은 티끌만큼도 인정받지 못한다.

이런 정상가족 신화와 기-승-전-엄마 책임론이 팽배한 세상에서 '낙태'는 개인 신체의 자기결정권에 대한 철학적 논의로 넘어가지 못한다. 고정관념을 도덕으로 포장하는 사회 제도를 비판하는 단계로 이어지지 않는 것도 물론이다.

여성을 사람 그 자체로서가 아니라, 성별과 그에 어울리는 역할을 잘 수행하는지에 따라 판단하는 경우는 허다하다. 출생률이 낮다는 이야기가 거듭되다 보면 항상 "요즘 여성들이 이기적이어서 출산을 피한다"는 식의 망언이 등장하는 것을 보라. 2012년 대통령 선거 당시 박근혜 후보, 그리고 2022년 대통령 선거 당시 윤석열 후보의 배우자는 "출산 경험도 없는데" 하는 식의 말을 들어야 했다. 원시적인 상상력이 여전히 한국 사회를 떠돌고 있다.

"우리뿐이 아닙니다.
큰 사건을 겪은 사람들은
공권력의 대충대충 일 처리에
모두 치를 떱니다."[39]

—1999년, 씨랜드 참사로 일곱 살 아들을 잃고

　뉴질랜드로 이민 간 전(前) 국가 대표 하키 선수 김순덕 씨

열 번째 민낯,

우리는 끝없이 먹먹할 것이다

— 기억과 책임 그리고 약속¶, 세월호 참사 —

2014년 9월 6일의 먹먹함

세월호 유가족과 시민들이 서울 종로구 광화문광장에서 세월
호 특별법 제정을 촉구하며 단식 투쟁을 벌이는 가운데 보수
라고 자칭하는 일부 청년들이 폭식투쟁을 벌였다. 세월호 참
사 국민대책회의 등에 따르면 이날 오후 광화문광장 단식 농
성장 앞에서 인터넷 커뮤니티 '일간베스트'(일베)와 보수 단체
'자유청년연합' 회원 100여 명(경찰 추산)이 "광화문광장을 시

¶　　　세월호 참사 6주기 추모제 때부터 "기억, 책임, 약속"이라는 문구가 사용되고 있
다. 그간 가장 많이 언급된 추모의 키워드이기도 하다. 기억하고 책임지는 걸 약속하겠다는 정
치인은 얼마나 많았던가. "기억, 책임, 약속"은 시스템을 보완하고 진보시켜 사회적 참사의 재
발을 방지하는 가장 효과적인 추모다. 하기만 한다면 말이다.

민들에게 돌려 달라"며 치킨과 피자 등을 먹었다. (…) 이에 대
해 세월호 참사 국민대책회의는 '일간베스트 회원님들 식사
하는 곳'이라는 종이를 써 붙이고 광화문광장 한쪽에 간이 식
탁을 마련했다.

— 《뉴시스》 2014년 9월 7일 자 기사[40]

어떤 날은 너무 좋아서, 어떤 날은 너무 불행해서 잘 잊히지
않는다. 또 어떤 날은 너무 황당해서 오랫동안 기억되는데, 내게
는 2014년의 생일이 그런 날이었다. 9월 6일 토요일, 가족들과
광화문으로 나들이를 왔다. 첫째가 초등학교 입학 직전 해였고
둘째는 17개월이었다. 유아차를 끌고 도심을 다니는 게 힘들었
지만 그게 재미였던 시절이었다. 교보문고에서 책도 사고 근처
레스토랑에서 비싼 피자도 먹었다. 산책 겸 광화문광장을 거쳐
경복궁으로 가기로 했다. 아이들에게 세월호를 어떻게든 느끼
게 해 주고 싶어서였다. 곳곳에 노란색 리본과 종이배가 넘실거
리는 광장을 걷는 것만으로도 나중에 무엇인가를 함께 이야기
할 순간이 있을 거라 믿었다.

몇 분 후 기대는 산산조각이 났다. 사람들이 삼삼오오 피자
를 먹고 있었다. 치킨을 먹고 있었다. 햄버거를 먹고 있었다. 일
부러 더 맛있게 먹는 걸 보여 주겠다는 과장된 제스처도 다분했
다. 쩝쩝 소리는 컸다. 콜라를 마시고 있었다. 커피를 마시고 있

었다. "캬~", "음~" 등의 추임새에는 마치 속이 시원하다는 걸 일부러 말하고 싶은 의지 같은 게 느껴졌다. 그런 군집이 족히 스무 개는 넘었다. 30도가 넘는 더운 날에 왜 이런 유난을 야외에서 떤단 말인가. 그들만 분리해서 본다면 취식 행위에 불과한 거다. 대단한 구경거리도, 특별한 일도 아니니 그들이 게걸스럽게 먹는 이유를 궁금해할 필요도 없다. 하지만 고개를 드니, "세월호 진상 규명 단식투쟁"이라는 현수막이 걸린 천막이 겹쳐져 보인다. 의도는 분명했다.

그들의 피자와 콜라는 내가 좀 전에 가족들과 생일을 축하하며 먹었던 그 피자와 콜라가 아니었다. 비꼼이었다. 조롱이었다. 모욕이었다. 나는 무엇을 목격한 것일까? 막장의 한 모습이었을까, 말세의 상징이었을까. 설명하기 힘든 먹먹함이 나를 눌렀다. 슬퍼서인지, 화나서인지, 어이가 없어서인지 모르겠지만 평생 느껴 본 적 없는 감정이었다. 짜증이 나면서도 무서웠다. 마주하기 싫은 개인을 보았다는 불쾌감과 그런 개인이 한 명이 아니라 여럿이라는 사실에 대한 좌절감이 교차했다. 이런 일이 있을 거라는 기사를 슬쩍 보았을 때는 한두 명의 퍼포먼스 정도일 거라고 여겼는데, 실제는 훨씬 많았다. 그들은 씩씩했고 당당했고 거침이 없었다.

'폭식투쟁'으로 알려진 이 사건은 여러모로 비판을 많이 받았다. 그들을 악마, 패륜 등으로 묘사한 글들이 쏟아졌다. 저들을 대한민국과 어울리지 않는 일부라고 말하고 싶은 것 같았다. 과연 그럴까? 내가 느낀 먹먹함은 단지 그들의 기행을 목격한 불편함이 아니다. 한국 사회에서 추모한다는 것의 한계와 슬픔에 공감한다는 것의 미흡함을 다시 마주했기에 느껴지는 몸서리였다. 그들 위로 '우리'가 드러났기 때문이다. 제대로 된 추모의 감정을 학습하지 못한 설익은 모습들 말이다. '지하철 투신으로 출근길 혼란'이라는 표현을 대수롭지 않게 여겼던 우리들 말이다. 학교에서 친구 누가 자살을 한들 '동요하지 말고 공부나 하라'는 소리를 들으며, 그냥 덮고 넘어가기에 급급했던 우리들 말이다. 죽은 사람 이야기가 몇 번 반복되면 '산 사람은 살아야 되지 않냐'면서 추모를 지겨움의 프레임에 가두는 '구조적인' 감정 상태로부터 누가 자유로운가. 폭식투쟁은 그 토양 위에서 자란 괴상한 나무였을 뿐이다.

세월호 유가족들은 차분했다. 광장에서는 누구나 자유롭게 음식을 먹을 수 있다면서 별도 식탁까지 마련했다. 분노하지 않았고 특별하게 상대하지도 않았다. 성숙한 태도라는 평가가 있었지만, 그건 '말려들지 않으려는' 본능이었을 거다. 어떻게든 왜곡하는 사람들을 상대해서는 안 된다는 경험이 반영되었을 거다. 보상금을 노린다, 대학 특례 입학을 요구했다, 무임승차 아닌가, 정치적 목적이 있다 등 온갖 음해에 시달렸기에 나타난 방어 본능이다. 어떤 교수는 "유가족이 무슨 벼슬 딴 것처럼 쌩

난리 친다. 이래서 미개인이란 욕을 먹는 거다"라는 글을 자신
의 SNS에 공개하기도 했다. 유가족들은 항의했지만 그만큼 위
축되었을 거다.

피해자라면 착해야 한다는 편견이 넘쳐 날 때였다. 유가족
들의 일탈은 유가족의 자격 없음으로 대서특필되곤 했다. 어느
새 피해자는 사회질서를 해치는 집단으로 간주되기 시작했다.
국가의 무능함에 저항하고 은폐된 진실을 밝히려는 유가족의
행동을 두고 무슨 불순한 의도가 있는 거 아니냐고 탓하는 분위
기가 음지에서 스멀스멀 피어났다. 피해자를 낙인찍는 프레임
전환이 이루어졌다. 당시엔 경찰이 노란 리본을 달고 있다는 이
유로 시민들을 검문까지 할 정도였으니,[41] 이들은 국가가 자신
들을 지켜 주지 않는다는 배신감과 언론이 자신들을 언제든지
악마로 만들 수 있다는 공포심 속에 극도의 조심성을 띨 수밖에
없었을 거다. 단식하는 유가족 앞에서 치킨을 먹는 사람들에게
식탁까지 마련하는 자비로움은, 더 이상 기대하는 것이 없기에
가능한 체념에 가까운 감정이었다.

세상에는 폭식투쟁을 할 연료가 이미 있었다. 모진 말이 자
주 들렸다. 그렇게도 미안하다는 사람들이 몇 달 만에 거짓 뉴
스를 들이밀며 좀 수상하다는 말들을 뱉었다. 유가족들이 요구
했다는 유언비어 수준의 '특혜 목록'이 SNS를 통해 무차별적으
로 유포되었다. 곳곳에서 유가족을 '나쁜 사람'이라며 손가락질

했다. 기억하려는 사람에겐 잊으라고 했다. 잊지 않으려는 사람에겐 '산 사람은 살아야지'라는 말만 하고 '어떻게' 살아야 하는지는 관심이 없었다. 죽은 자를 기억하지 않는 게 어찌 사람이냐고 따지는 이들은 '지나치게 정치적이다'라는 핀잔을 들었다.

내가 모 대학에서 '강사가 세월호 이야기를 자주 한다'는 민원 때문에 담당 교수에게 불려 간 게 이때쯤이다. '세월호 사건에 대한 사회구조적 접근'이란 과제를 낸 게 화근이었다. 심지어 강의 평가 내용에는 '노란 리본' 배지를 강사가 달고 있음을 문제 삼는 경우도 많았다. 어떤 학생은 '정부 욕하고 싶어서 환장하지 않고서야'라는 부연 설명을 덧붙였다. 좋지 않은, 그러나 익숙한 공기가 이미 흐르고 있었다. 너희들만 힘드냐고, 유난 떨지 말라는, 그만 우려먹으라는 분위기가 겹쳐지고 단단해졌다. 그랬기에, 그들은 당당히 피자와 치킨을 먹었다.

2014년 4월 16일의 먹먹함

증축으로 인해 복원성에 문제가 발생했음에도 운행을 허가받았고, 구조 장비에 문제가 있음에도 안전 검사를 통과하였다. 출항을 하기 전 제출한 안전 보고서가 허위로 만들어졌음에도 전혀 문제가 되지 않았으며, 복원성을 유지할 수 있는 최대 적재량의 두 배 이상의 화물을 실었지만 출항이 허가되었다.

화물에 대한 고박이 제대로 되어 있지 않았지만 역시 전혀 문제가 되지 않았다. 선사가 만든 운항 관리 규정도 그대로 승인되었다. 어떻게 이런 일이 가능할까?[¶]

1994년에 건조되어 일본에서 18년간 운항한 배였다. 노후 선박 연령 기준이 20년인 일본에서 곧 폐기될 배를 한국의 한 기업이 사들였다. 2009년 정부의 규제 완화 정책으로 여객선 운항 허용 선령이 25년에서 30년으로 늘었기에 가능했다. 이게 문제는 아니다. 정비와 점검 수준이 높아지면 배는 바다를 가로지를 수 있다. 그러니까 정비와 점검을 잘한다면. 이 간단한 일이 한국에선 간단치 않다는 걸, 한국인들은 많은 사람이 죽어야 깨닫는다.

회사는 배를 증축하고 개조했다. 그럼 국가는 변형된 배의 화물 적재 기준을 다시 산정해야 한다. 제대로 했다. 객실을 더 만들면서 배의 높이가 높아졌으니 복원력을 위해서 더 많은 평형수(ballast water)가 필요했다. 관리 기관은 평형수를 370톤에서 1,700톤으로 조정하라고 지시한다. 아울러 화물 적재 최대치를 원래 2,525톤에서 1,070톤으로 줄인다(2,437톤→987톤이라는 설

[¶]   사공영호, 「세월호 사고와 규제 실패의 성격」, 《규제연구》 제25권 제1호, 2016, 57쪽. 이 글에서 언급되는 수치들은 별도 표기를 하지 않는 한 이 논문을 참조했다.

명¶¶도 있음). 하지만 실제 기준을 지키는지는 제대로 감시하지
않았다.

저가 항공이 보편화되면서 제주까지 배를 타고 가는 경우
가 줄자 선사는 화물 운송 비용으로 적자를 만회하기로 한다.
육지에서 건설자재를 공급받아야 하는 제주도의 특성상 화물
운송의 수요가 많았다. 수도권이나 강원도 쪽의 화물 기사들은
굳이 전남 목포나 완도까지 가지 않고 인천항을 주로 이용했
다. 청해진해운에 이들이 싣는 차량과 화물은 '돈'이었다. 화물
고정 장치인 D-링 785개를 허가 없이 설치했고, 2013년 3월부
터 241회를 운항하면서 절반 이상을 과적 운행하여 총 93억 원
의 화물 운임비를 받았다. 기준을 지켰을 때의 최대 운임비가
63억 5,276만 원이니, 30억이나 부당이득을 챙겼다.[42] 그럼에도
한 번도 적발되지 않았다.

1,000여 톤이 한계인 배에 2,000~3,000톤의 화물을 적재하
기도 했다. 그러면 배의 '흘수선'(선체가 물에 잠기는 한계선)이 가라
앉는다. 이때마다 청해진해운은 배의 무게중심을 잡기 위해 반
드시 있어야 할 평형수를 뺐다. 원래 배는 화물을 실을수록 전
체 배의 무게를 맞추기 위해 평형수를 빼는데, 세월호는 지나치

¶¶   배에 실을 수 있는 무게, 배 안에서 차량이나 컨테이너 등이 움직이지 않도록 묶
어 놓는 장치(고박 장치)의 수 등 실제 화물 적재 상황을 종합적으로 고려해서 계산한 수치다.
해양안전심판원 특별조사부, 「여객선 세월호 전복사고 특별조사 보고서」, 해양안전심판원,
2014, 15쪽.

게 뺐다. 그만큼 복원력이 약해졌지만, 화물을 실었으니 어떻게든 출발을 하는 것만이 목적이었다. 게다가 배의 개조로 무게중심이 높아졌기 때문에 평형수가 조금만 부족해도 복원력이 사라져 위험할 수밖에 없는 상태였다. 복원력이 사라진다는 건, 배가 기울면 그걸로 끝난다는 말이다. 위험천만한 상황이 계속됐다. 회사 내부에서 문제가 제기되었지만 묵살당했다. 직원들은 회사에서 살아남기 위해, 운행 중 죽음으로 이어질 수도 있는 과적에 눈감아야 했다. 그러면서 모두가 위험에 둔감해졌을 거다. 수개월 동안 별일이 없으니 괜한 걱정을 했다면서 안심하고, 그때 유난 떨지 않아서 회사가 피해를 안 본 게 다행이라고 서로를 위로하지 않았겠는가.

회사는 비용을 절감하는 모든 방법을 찾았다. 직원들을 주로 비정규직으로 채용했다. 직원 안전 교육 비용은 54만 1,000원에 불과했다. 1인당이 아니고 전체 1년 비용이었다. 종이 몇 장 나눠 주는 수준의 안전 교육을 진행했을 뿐이다. 하지만 접대비(약 6,000만 원)나, 광고비(약 2억 3,000만 원)는 아끼지 않았다 (2013년 기준). 대부분의 접대비는 배와 관련된 허가를 책임지는 사람들을 상대하는 데 사용되었다. 그래서인지, 검사 결과는 항상 이상 무(無)였다. 2014년 2월 10일, 200여 개 항목을 검사받았는데 문제는 전혀 없었다. 25인승 구명보트(구명벌) 46척도 사용 가능 상태였다. 2월 25일에는 5개 관계 기관의 특별 점검을 받았는데 역시나 배는 깨끗했다. 별 문제 없는 '양호' 판정을 받았다. 서류상으로 세월호는 완벽했다.

2014년 4월 15일, 세월호는 짙은 안개로 인해 예정 시간보다 두 시간 반이 지난 21시에 출항한다. 가시거리가 800미터밖에 되지 않아 원칙적으로는 운항 불가였지만 늘 그랬듯이 허가가 났다. 안개 때문에 더 기다려야 한다는 의견이 있었음에도 출항했다는 당시의 상황에 대해 선장은 "회사가 시키니 어쩔 수 없었다. 내가 선장이지만 거기서 밥벌이하려면 어쩔 수 없지 않은가"[43]라고 했다. 확실하지 않아도 혹시 모르니 문제부터 제기하는 건 한국 땅에서 이다지도 낯선 일이다. 애매하면 그냥 평소처럼 하는 게 모두에게 이롭다는 안일한 태도는 참사를 막을 수 있는 마지막 기회를 허공에 날려 버렸다.

전체 승무원의 절반이 계약직이었다. 선장과 조타수마저 임시직이었다. 신분마저 불안정한 사람들이 과적이니 뭐니 따질 수 있었겠는가. 회사가 하라는 대로 했기에 배에 올라탈 기회라도 얻었을 것이다. 이날 적재된 3,608톤의 화물과 차량이 문제라고 말할 사람은 애초에 없었다. 세월호에는 승인된 최대치 99대보다 훨씬 많은 185대의 차량이 실렸다. 컨테이너는 로프로만 묶였다. 어떤 감시도 없었다. 이런 배에 선원 포함 476명의 사람이 탑승했다. 이 가운데 325명은 수학여행을 떠나는 고등학교 2학년 학생이었다. 14명의 교사도 함께였다.

다음 날인 4월 16일, 모두 알고 있는 끔찍한 일이 일어났다. 갑작스러운 변침(항로 변경)으로 선체가 한쪽으로 기울었다(오전 8시 48분). 배는 한번 기울었다고 해서 계속 기울어지지 않는다. 하지만 이 배는 균형을 잡는 평형수의 양이 턱없이 부족했기에 원래 상태로 회복되지 않았다. 그렇다고 배가 반드시 침몰하는 건 아니다. 기울어져서 버티고 버티는 게 배다. 그러나 제대로 결박되지 않은 차량과 화물들이 한쪽으로 몰리며 배에 구멍이 났고, 물이 차오르니 배는 급격히 물에 잠기기 시작했다. 그럼에도 수면에서 사라지기까지 100여 분의 시간이 있었지만, 구조 결과는 참혹했다. 구조를 못한 게 아니라, 안 했다.

최초 신고는 선원이 아니라 학생이 했다(8시 52분). 선실에서는 '안에서 기다리라'는 안내 방송이 나왔다(8시 56분). 사고 지역 인근에서 조업 중이던 어선 20여 척과 해경 경비함이 구조를 위해 도착했는데(9시 32분), 그때 배 밖으로 나온 승객은 극히 일부였다. 해경 구조선이 다가가자 선장과 선원 일부가 먼저 탑승했다(9시 46분). 선원들이 한 거라고는 무전으로 지금 배에 400여 명이 있으니 더 큰 배가 필요하다고 해경에 말하는 것이 전부였다. 절대 권한을 지닌 선장은 퇴선 명령을 내리지도 않았다. "수단과 방법을 가리지 말고 어떻게든 탈출하라!"라고만 했어도 몇백 명은 죽지 않았을 거다. 선장은 살인의 미필적고의가 인정되어 대법원에서 무기징역형을 선고받았다. 심지어 세월호에 경비정으로 다가온 해경도 '승객들이 배 밖으로 무조건 나와야 한다'는 메시지를 전달하지 않았다. 이 판단 착오 하나로, 현장 지휘관은 징역 3년 형을 선고받았다.

선실 안까지 물이 들어올 때, 학생 한 명이 마지막 카카오톡 메시지를 육지로 보냈다(10시 17분). 사람이 무엇을 할 수 있는 마지막 시간이었다는 의미다. 그리고 세월호는 완전히 전복되어(10시 31분), 서서히 물 밑으로 모습을 감춰 버린다. 172명이 구조되고, 304명이 숨을 거뒀다. 수학여행을 떠난 학생 325명 중 250명이 돌아오지 못했다. 인솔 교사 14명 가운데 11명이 제자와 함께 생을 마감했다. 생존율 36%는 선박 사고 생존율치고 굉장히 낮은 수치다. 참고로 타이태닉호의 생존율이 32%였다(2,224명 탑승, 710명 구조).

'아직도'가 아니라 '앞으로도' 말해야 한다

배가 빠른 속도로 침몰했다고 하지만 그래도 1시간 넘게, 그것도 육지에서 멀리 떨어지지 않은 곳에 배는 분명히 떠 있었다. 구조 작업이 일사불란했다면 훨씬 많은 이들이 생존했을 거다. 하지만 엉망진창이었다. 컨트롤 타워도 없었다. 황당하게도 청와대는 대통령에게 보여 줄 영상을 그 긴박한 순간에 해경에게 요구했다. 수차례나.

"여기 지금 VIP(대통령) 보고 때문에 그런데 영상으로 받으신 거 핸드폰으로 보여 줄 수 있습니까?" (4월 16일 오전 9시 39분)

"현지 영상 받아 볼 수 있습니까? 아니면 사진이라도." (4월 16일 오전 10시 9분)

"지시해 가지고 가는 대로 영상 바로 띄우라고 하세요. 다른 거 하지 말고 영상부터 바로 띄우라고 하세요." (4월 16일 오전 10시 25분) [44]

다른 거 하지 말라던 10시 25분은 마지막 생존자가 구출된 지 1분 뒤였다. [45] 사람들은 참사 현장을 실시간으로 보면서 울었고, 이후 그 실시간에 어떤 일이 있었는지를 알게 되면서 분노했다. 청와대에서는 대통령에게 보고할 '괜찮은' 영상 타령하기 바빴다. 사건 발생 7시간 뒤에, 그것도 외부에서 미용사를 불러 평소처럼 머리를 다듬고 나타난¶ 대통령은 "구명조끼를 학생들은 입었다고 하는데 그렇게 발견하기가 힘듭니까?"라며 상황을 제대로 파악하지 못하고 있었음을 드러냈다. 지휘 체계도,

---

¶ 　　　이 표현에 대해서 고민을 많이 했다. 자칫 여성을 비하하는 편견으로 이어질 수 있기 때문이다. '여성이라서' 늦었다는 걸 강조하기 위함이 아니다. '대통령으로서' 시간을 지체했음을 문제 삼고자 한다. 참사 당일 외부 미용사가 청와대로 온 것은 국정농단 사태 때 드러났다.

컨트롤 타워도 엉망이었다. "국가는 재해를 예방하고 그 위험으로부터 국민을 보호하기 위하여 노력하여야 한다"는 헌법 제34조 제6항은 대한민국에서 전혀 작동하지 않았다.

언론은 더 심각했다. 배가 전복된 다음인 11시 1분경, TV에는 '전원 구조'라는 큼지막한 자막이 나왔다. 단원고등학교 강당에서 누군가 말한 것을 사실 확인 없이 그대로 보도한 것이었다. MBC가 최초였고, 그 오보를 YTN, SBS 등 다른 방송국이 검증 없이 송출했다. 경기도교육청은 이를 근거로 '전원 구조'라는 문자를 수학여행 간 학생들의 보호자에게 발송한다. 심지어 KBS는 MBC가 11시 24분에 정정을 했는데도, 11시 26분에 오보를 무슨 특종처럼 보도한다.[46]

이 정도면 언론 시스템이라는 게 없는 것이나 마찬가지였다. 참사 당일, 구조에 투입된 잠수부는 단 16명이었다. 그런데 공중파의 뉴스 헤드라인은 "육해공 총동원, 하늘·바다서 입체적 구조 작업"(KBS 뉴스 9), "구조 작업 총출동, 함척 23척·병력 1천여 명 동원"(MBC 뉴스데스크), "혼신의 구조, 헬기에 함정에 어선까지"(SBS 8시 뉴스)였다.[47] 특종에 눈먼 취재진은 팽목항에서 생존자들을 괴롭혔다. 구조된 학생에게 "친구가 사망한 것 알고 있나요?"라고 질문한 기자도 있었다.¶ '선박 사고를 다룬 영화'

¶ 이에 대해 손석희 앵커는 세월호 참사 당일 〈JTBC 뉴스 9〉 오프닝에서 공식 사과한다. 요약하자면 재난 보도는 사실에 신중해야 하고 무엇보다 피해자와 유족 중심에서 사안을 바라봐야 하는데 신중하지 못했다, 어떤 변명이나 해명도 필요치 않다는 내용이었다.

를 추천하는 무례한 기사가, 그것도 4월 16일 오후에 등장했을 정도다.

이 황당함, 이걸 알면서도 세월호를 잊으라고 할 수 있을까? 세월호 이슈에 피로감을 느끼는 사람들이 많은 줄 안다. 끝난 것 같은데, 유가족들은 끊임없이 진상 규명을 요구하니 의아해하기도, 또 심한 말을 하기도 한다. 그런데 대한민국의 2014년 4월 16일은 어떠했는가? 내가 그 당사자라면 하나라도 믿을 수 있을까? 설사 더 이상 세월호 관련 진실이 알려질 것이 없다 할지라도 '죽을 때까지 의심할 수밖에 없는' 유가족의 심정을 나쁜 의도로 해석할 순 없다. 엉망진창이었던 사회 시스템의 피해자가 가질 지극히 정당한 감정이라 생각한다.

이 글을 쓰기 위해 제92회 아카데미상 단편 다큐멘터리 부문 후보에 오른 이승준 감독의 〈부재의 기억〉(2018)을 봤는데, 울컥하는 마음과 억장이 무너지는 느낌을 러닝타임 28분 51초 동안 주체할 수 없었다. 나만의 감정이 아닐 테다. 많은 이들이 밥 먹기도 불편하고 바깥 풍경을 보는 것도 사치라고 여겼던 그날의 먹먹함을 기억하고 있을 거다. 먹먹함, 체한 듯 가슴이 답답해지는 증상이다. 그럼 이걸 어떻게 해소할 것인가? 체하니까 피하면 그만일까? '사회적인' 먹먹함이기에 그럴 수 없다. '역사의' 먹먹함이기에 그래서는 안 된다.

복철지계(覆轍之戒)라는 말이 있다. '앞선 수레가 엎어진 모습을 보고 경계한다'는 뜻으로, 실패 속에서 교훈을 얻자는 말이다. 그날 이후는 이전과 반드시 달라야 한다. 그 시작은 고통에 공감(共感)하는 일이다. 사실 공감이라는 뜻 그대로 그들과 '같은 감정'을 느낀다는 건 불가능하다. 내가 세월호 침몰 장면을 TV로 보면서 느낀 먹먹함은 그들의 슬픔과 같을 수 없다. 내가 단식투쟁장 옆에서 폭식투쟁하는 이들의 모습을 보면서 느낀 먹먹함은 그들의 회의감과 같을 수 없다. 나의 무기력감이 그들의 것과 같을 수도 없고 같아서도 안 된다. 이 간격을 줄여 나가려는 노력은 내가 해야 한다. 그들이 내 눈높이로 세상을 살지 않음을 비난해서는 안 되며, 내가 그들 눈높이에 조금이라도 다가가려고 노력해야 '더 나은' 공감이 가능하다. 그렇기에 '아직도'가 아니라 '여전히' 세월호를 붙들어야 한다. 그들이 놓고 있지 않기 때문이다. 추모는 감정이 아니라 학습이다. 개인이 알아서 느끼는 게 아니라 사회의 옳은 방향을 위해 지녀야 할 시민 정신이다.

세월호 이후, 한국 사회는 어떻게 변했을까? 초등학생이 '생존 수영'을 배우는 모습을 보니 우리가 안전 문제에 예민해졌음을 알 수 있다. 하지만 수영을 못해서 그 난리가 난 게 아니다. 안전보다 효율을 우선시하면서 공적 가치를 의미 없게 여기는 가치관이 사라지지 않는 한 '변했다'고 하기엔 너무 이르다. 세월호 참사는 돈만을 향해 맹렬히 진격하는 마차의 브레이크가

고장 나 절벽으로 떨어진 것과 다르지 않다. 대한민국이라는 배를 향한 자화자찬은 많았지만, 사람들은 허술한 배 위에서 파도가 칠 때마다 불안했다. 그런데 진짜로 '이윤과 효율'에 미쳐 있던 배가 침몰했다.

우리의 추모에는 이 잘못된 시스템에 대한 경고음이 있어야 한다. 그러지 않으면 우리는 다시 먹먹하게 누군가의 죽음을 바라볼 것이고, 또 그 죽음을 조롱하는 이들을 보며 역시나 먹먹해질 것이다. 지나간 일을 왜 그렇게 붙들고 있냐는 그 생각, 추모가 밥 먹여 주냐는 그 생각, 이왕이면 좋은 게 좋은 거 아니냐는 그 생각이야말로 엉터리 시스템이 가장 원하는 결과라는 걸 잊어선 안 된다.

아직 끝나지 않은 이야기,

"잊지 않겠습니다"

제주에 살다 보면 여기선 '제주 4·3 항쟁'(1948년) 논란
이 상대적으로 심하지 않을 거라는 분위기를 느낄 수 있다.
4·3을 기억하고 있는 흔적을 곳곳에서 발견할 수 있기 때문
이다. 국가가 오랫동안 이 민간인 학살을 외면해 온 동안에도
제주 사람들은 참사를 '기억하고 책임을 묻겠다'는 약속을 지
키고자 했다. 그 덕에 이제야 대한민국의 안타까운 역사 한
조각 정도로 대우를 받게 되었다. 물론 여전히 이를 이념적으
로 재단하는 정치인이 있고 유족들에 대한 보상 역시 지난하
지만 '그래서' 제주는 계속 기억한다.

세월호가 같은 경우인지를 따져 묻는 사람이 있을 거다.
건국 이래 사람이 죽는 사건 사고는 끊임없이 있었는데, 70년
된 현대사의 비극과 세월호가 같은 무게라니 의아해할 수도
있다. 이 순간, 참사가 기억되어야 할 명분이 흐트러지기 시작
한다. 이 연장선에서 '다른 재해에 비하면 과도한 보상'이라

고 운운하는 이도 있다. 다른 재해처럼 잊힐까 봐 유가족들이 저리도 고통스러워한다는 사실을 그들은 모르는 걸까?

참사 직후부터 "잊지 않겠습니다"라고 다짐하며 세월호를 기억하자는 건, 2014년 4월 16일 그날만을 떠올리자는 게 아니다. 그날 이후에 이 사회가 어떤 책임을 다하는지를 따져 보고, 뱉었던 약속들을 다시 기억하자는 거다. 언제까지? 영원히.

"슬픔을 벗어나기 어렵다. 그래서 슬픔을 잊기 위해 그 시간들로부터 벗어나려는 사람들이 생긴다. 이제 그만이라고 말하며. 그 말들이 비수가 되어 다시 하나의 시간을 슬픔에 가둔다."[48]

"히틀러가 '민족의 위대함'을
아리안족의 우월성의 신화를 통해
복원하겠다고 약속했을 때
그에게 권력을 부여한 것은
결국 평범한 독일인들이었다."[49]

— 미국의 교육 지도자이자 사회운동가

파커 J. 파머 Parker J. Pamer

열한 번째 민낯,

우리는 언제나 잊는다

— 망각에 맞서는 기억의 투쟁¶, 박근혜 대통령 탄핵 —

드라마 〈설강화〉 논란이 던진 질문¶¶

넷플릭스에 10부작 드라마가 금요일에 공개되면 토요일에 리뷰가 올라오는 시대다. 일부 평론가가 감상평을 독점하던 시절은 끝났다. 재야의 고수들이 유튜브에서 자신의 입장을 말하기 바쁘다. 밀도도 높다. 주장에 거침이 없고 자신감은 가득하다. 모두가 전문가다. 드라마에 대한 비판도 달라졌다. 시놉시

¶   소설가 밀란 쿤데라의 표현이다. 『웃음과 망각의 책』(2011, 민음사)의 1부 '잃어버린 편지들'에 "인간의 권력투쟁은 망각에 맞서는 기억의 투쟁이라고."(11쪽)라는 문장으로 등장한다. 정치의 역사를 함축하면 대중에게 착각을 선사하는 권력과, 여기에 현혹되지 않으려는 용기 있는 시민들 사이의 끊임없는 대결 아닐까?

¶¶   여기서의 내용은 다음 글을 다듬었다. 오찬호, 「〈설강화〉 역사 논란이 보여 주는 것들」《SRT 매거진》 2022년 2월호.

스'만'으로도 논쟁한다. 문제가 있다면서 방송국에 항의하고 제작진을 추궁한다. 출연진에게 입장을 요구하고 연출가와 작가의 전작을 분석하여 '그럴 것 같았던' 개연성을 어떻게든 찾아낸다. 나아가 방영 자체를 막겠다는 집단적 움직임까지, 모든 게 자연스럽다. 자기 의견을 말할 수 있는 통로가 많아진 디지털 시대의 특징일 거다. 하지만 이 개입이 창작의 자유를 위축시키는 것이라면 따져 볼 게 많다.

논란 때문에 드라마 〈설강화〉(2021~2022, JTBC)를 알게 된 사람이 많을 거다. 방송을 금지시켜 달라는 청와대 국민청원이 화제였고, 그게 기사화되면서 논의는 점점 커졌다. 왜 문제인지를 따져 주겠다는 이들과 보고 나서 판단하겠다는 이들이 팽팽히 맞섰다. 드라마가 방영되니 논란이 정당했다, 과했다 등 의견이 차고 넘쳤다.

'역사'라는 키워드 때문에 더 시끄러웠을 거다. 〈설강화〉는 "1987년 서울을 배경으로 어느 날 갑자기 여자대학교 기숙사에 피투성이로 뛰어든 명문대생 수호와, 감시와 위기 속에서도 그를 감추고 치료해 준 여대생 영로의 사랑 이야기"로 소개되었는데, 주인공이 하필 북한 사람이라는 게 논란의 시작이었다. 운동권 학생으로 오인된 명문대생이 사실은 남파 간첩이라는 설정이 입방아에 올랐다. 화난 사람들은 민주화 운동 폄훼, 공안 수사 정당화, 안기부 미화 등을 언급하며 드라마를 문제 삼았고 제작진은 억측 말라는 입장을 몇 번이나 반복했다.

드라마가 싫다고 방영을 금지하라는 건 지나친 요구이긴 하다. 한 작품이 세상에 나와서 사람들로부터 찢기고, 밟히고, 때론 지나치게 찬양도 받는 게 대중을 상대로 한 예술의 운명이기 때문이다. 〈설강화〉도 그 배경에 대해 납득이 간다와 의도를 모르겠다 사이에서 무수히 언급될 것이다. 하지만 도마 위에 올라오겠다는 창작자의 의지를 꺾을 권리를 보편적인 것이라 생각하지 않는다.

표현의 자유는, 그 표현이 과한지 아닌지 평가하는 사회의 수준이 상식적이라면 문제 될 것이 하나도 없다. 여기서 사회란 일종의 시장과 유사한 기능을 한다. 괴상한 표현을 하는 건 자유지만, 이 발화자를 시장이 냉정하게 평가한다면 오용된 '표현의 자유'는 확산되지 않는다. 차별과 혐오를 선동한 정치인을 법적으로 처벌할 순 없어도 정치권에서 퇴출시킨다면 이는 시장이 꽤나 잘 돌아간다는 말이다. 그래서 결정적인 의문이 하나 생긴다. 우리의 시장은 과연 상식적인가?

〈설강화〉는 아무 잘못이 없지만, 설강화 '논란'에는 짚어야할 지점이 있는 이유다. 분노의 결과가 과잉되었다 해도, 분노의 이유를 과소평가할 수는 없다. 도대체 역사의 어떤 지점이기에, 왜 그걸 평범한 표현의 자유 영역이라고 받아들이지 못하는 것일까? 우려하는 바가 사실이 아니라고 하는데도 왜 그토록 걱정스럽게만 해석했는지를 묻고 따져 봐야 한다. 역사에 상상력 좀 가미했다고 언제나 대중이 흥분하는 건 아니지 않은가. 그런데 왜 이번에는 공포와 불안을 감추지 않고 드라마 한 편을 이토록 붙들고 흔들었단 말인가.

1980년대가 가벼운 소재가 될 수 없다고 느끼는 건, 그만큼 무거웠기 때문이다. 1980년대만이 아니라 그 전에도 그랬고, 공포정치의 잔재는 1990년대 초반까지 여전했다. 그 무거운 시대의 야만스러움에서 벗어날 수 없었던 억울한 이들은 평생을 폭력 정권의 부당함을 알리고자 다시 무거운 삶을 받아들였다. 지옥을 피하지 않고 묵묵히 맞서는 게 좋은 세상을 위한 벽돌 한 장이라고 여겼다. 대한민국의 민주화는 이들의 상흔 없이는 불가능했다.

민주화의 여정은 민주화 '폄훼'의 역사이기도 하다. 전두환 정권은 정교했다. 집권 이후 끊임없이 전라도 지역을 무대로 활동하는 간첩 이야기를 만들어 냈다. 일가족 간첩단, 배 타고 고기 잡는 척 지령을 받는다는 어부 간첩의 일거수일투족은 국민들의 공포심을 자아내기에 충분했다. 그래야만 사람들이 '1980년 5월의 광주'를 색안경 끼고 바라볼 수 있었기 때문이다. 정말 북한의 지령을 받아서 시민들이 폭동을 일으켰다고 믿을 개연성이 충분하도록 국가가 진두지휘해서 조작했다. 이런 끔찍한 추론이 얼마나 오랫동안 한국 사회를 부유했는지는 익히 알지 않은가. 누군가에겐 끝나지 않는 악몽이 되었으리라. 그 세대가 아니더라도 많은 이들이 당시를 몸으로 겪으며 통과한 사람들에게 부채 의식을 지니며 산다. 이 속상함과 미안함이 약간은 과잉된 '우려'가 되어 〈설강화〉라는 드라마를 매개 삼아 강력하게 분출되었을 것이다. 논란은 묻는다. 우리에게 국가란 도대체 무엇이었냐고.

헌법을 준수한 대통령이 드물었다

대통령은 취임에 즈음하여 다음의 선서를 한다.

나는 헌법을 준수하고 국가를 보위하며 조국의 평화적 통일과 국민의 자유와 복리의 증진 및 민족문화의 창달에 노력하여 대통령으로서의 직책을 성실히 수행할 것을 국민 앞에 엄숙히 선서합니다.

— 대한민국 헌법 제69조

이 선서는 오랫동안 무용지물이었다. 모든 대통령이 동일한 말을 엄숙하게 했지만(예전에는 '헌법'을 '국헌'이라고 표현했다), 헌법을 아랑곳하지 않는 대통령이 더 많았다. 삼권분립이라는 말이 법에는 있는데, 실제로는 무색했다. 대한민국 초대 대통령

이승만은 1948년부터 1960년까지 재임했다. 헌법을 준수했다면 12년이나 대통령을 할 수 없었다. 사사오입 개헌으로 법을 억지로 바꾸며 권력 유지를 정당화했다(1954년). 재적 의원 3분의 2는 135.333명이어서 136표가 필요했는데, 대학교수까지 동원하여 반올림 법칙에 따라 135명도 3분의 2에 부합한다는 억지 주장을 펴면서 법을 개정했다. 국민 알기를 우습게 여겼기에 3·15 부정선거도 가능했다(1960년). 역대 최악이라 해도 지나치지 않을 선거였는데, 너무 열심히 부정을 저질러서 득표율이 100%가 넘은 지역도 있을 정도였다.

무늬만 민주주의지 독재나 다름없는 상황에 분노한 국민은 가만있지 않았다. 4·19 혁명은 헌법을 무시한 대통령을 국민이 목숨 걸고 심판한 것이다. 경찰은 시위를 진압하면서 국민을 향해 수차례 발포했다. 서울에서만 10만여 명이 참여한 1960년 4월 19일 시위에서 100명 넘게 사망했는데, 이날을 '피의 화요일'이라고도 한다. 총에 맞을 수 있다는 공포 속에서도 국민들은 굴복하지 않았고, 결국 대통령은 하야한다. 이 정신은 "불의에 항거한 4·19 민주 이념을 계승하고"라는 문장으로 지금의 헌법에 고스란히 담겼다.

국민의 열망대로 민주주의의 미래가 탄탄대로였으면 좋았겠지만, 초대 대통령의 장기 집권은 후임자들에게 나쁜 본보기가 됐다. 자기 입맛에 맞춰 '바꾼' 헌법만 준수하는 악습이 이어졌다. 1961년 5·16 군사정변으로 권력을 잡은 박정희는 1979년 10월 26일 사망할 때까지 몇 번이나 헌법을 바꾸며 대통령 자리에 있었다. 부하의 총을 맞지 않았다면 1984년까지가 임기였는데, 이후에도 6년 단위로 더 연장할 수 있었다. 법을 바꿔 사실상 영구 집권이 가능한 '유신헌법'을 만들었기 때문이다. 역시나 1979년 12·12 사태를 일으켜 권력을 찬탈한 전두환 정권은 체육관에서 하는 간접선거를 통해 대통령이 되었다. 왕조 국가나 다름없었다.

우리가 제헌절을 기리는 이유는 민주적 통치의 기본 원리가 대한민국 최초 헌법에서 비롯됐기 때문인데, 실제 국민들의 삶을 지배한 기본 원리는 끔찍했다. 이 시절에 어떤 일들이 있었는지를 설명하는 것도 버겁다. 수많은 사람이 고문을 당했다. 부정한 권력은 부정부패를 일삼았다. 정경 유착은 관행이었다. 노태우 대통령은 재임 중 5,000억 원의 통치 자금을 기업으로부터 받았다.¶ 그가 퇴임한 후 비자금 문제가 불거져 검찰 조사를 받은 재벌 총수만 36명이다.⁵⁰ 헌법이 보장하는 대통령 자리가 얼마나 헌법과 무관했는지 잘 보여 준다.

군부독재에 저항하여 대통령 직선제를 이끌어 낸 1987년 6월 민주항쟁도 그해 12월 선거에서 군인 출신(노태우)이 다시

¶   1995년 10월 27일 '대국민 사과문'으로 직접 말한 내용이다. 재임 중 5,000억의 통치 자금을 조성했고 1,700억이 남아 있다는 내용이었다.

대통령이 되며 반쪽짜리 혁명이라는 아쉬움을 남겼다. 이후에도 여러모로 미흡한 민주주의였다. 1993년 2월에 취임한 김영삼 대통령은 문민정부를 표방하면서 군부 정권의 종식을 알렸지만, 그 군부 정권에 뿌리를 두고 있는 여당과 당을 합쳐서 (1990년 3당 합당) 그 자리에 오를 수 있었기에 한계가 많았다. 평생을 독재 권력에 저항하며 야당 지도자로서 탄압을 받았지만 청와대 문을 여는 일은 기득권의 물에 발을 담그지 않고서는 불가능했다.

이런 세상을 마주할 때마다 국민은 절망에 빠졌지만, 포기하지 않고 부끄럽지 않은 사회를 만들기 위해 끊임없이 노력했다. 이 지독한 시간을 거쳐 지금의 민주주의가 만들어졌다. 그냥 하늘에서 떨어진 것이 아니라, 능욕을 참아 내며 부당한 권력에 저항한 국민이 있었기에 가능했다. 대통령이 헌법을 준수하고 대통령답게 나라를 운영하는 일, 그 기초를 다지는 데 오랜 세월이 걸렸다. 이제는 나라의 지도자가 국민을 우롱할 시대는 끝났다고 생각했다. 하지만 그게 아니었다.

피청구인의 법 위배 행위가 헌법 질서에 미치게 된 부정적 영향과 파급 효과가 중대하므로, 국민으로부터 직접 민주적 정당성을 부여받은 피청구인을 파면함으로써 얻는 헌법 수호의 이익이 대통령 파면에 따르는 국가적 손실을 압도할 정도로 크다고 인정된다. 결론. 피청구인을 대통령직에서 파면한다.

— 대통령(박근혜) 탄핵(2016헌나1) 헌법재판소 결정문 일부

2017년 3월 10일 오전 11시, 헌법재판소 소장 권한대행 이정미 재판관은 담담하게 대통령 탄핵심판 판결문을 낭독한다. 22분 후, 대한민국 헌정사상 처음으로 임기가 남은 현직 대통령이 탄핵을 당한다. 대통령이 스스로 물러난 경우는 몇 번 있었지만(이승만, 윤보선, 최규하) 헌법 절차에 따라 국민으로부터 해고당한 건 처음이었다.

국가는 몰인격적이어야 한다

세상에 드러난 화려한 위법행위의 일부다. 대통령은 국정수행을 도와야 할 직원들을 사적인 용도로 부렸다. 부속비서관을 시켜서 비선 실세 민간인 최서원(개명 전 최순실)에게 각종 인사·회의 자료 등 공무상 비밀이 담긴 정보를 넘겼다. 최 씨가 명품 가방과 수천만 원 등을 대가로 받고 지인의 회사 물품을 '청와대 힘을 빌려' 대기업에 납품하려고 하자, 대통령은 이를 막기는커녕 경제수석을 통해 적극적으로 도와준다. 경제수석은 대기업 간부를 만나 대통령 지시라면서 '○○ 회사를 잘 봐 달라'고 했다. 대기업은 협력업체 목록에도 없는 기업과 계약하라는

말에 당황했으나 계약을 진행한다. 품질과 시장 경쟁력을 따지는 경제 논리가 아닌 '뒷일을 두려워하는' 정치 논리로 이해해서였다. 왜 원칙대로 하지 못했냐고 순진하게 말할 사람도 있겠지만, 기업은 거절의 대가가 얼마나 무서운지를 이미 뼈저리게 알고 있다. 정치권력에는 맞서는 게 아니라는 걸 역사를 통해서 배웠기 때문일 거다. 그러니까, 다시는 반복되어서는 안 될 역사가 재현된다. 국민들의 분노는 배가 되었다. 그냥 잘못과, 다시는 해서 안 될 잘못은 많이 다르다. 반복되는 국가권력의 남용을 막기까지 많은 이들의 희생이 있었고, 이를 민주화라고 한다. 그러니 박근혜의 행보는 민주화의 의미를 전혀 고려하지 않는 지도자의 모습이었던 것이다.

최서원의 힘을 보여 주는 일화가 있다. 승마를 하는 최서원의 딸이 준우승한 대회가 있었는데, 이 대회는 우승한 선수를 둘러싸고 특혜 논란 등 잡음이 많아 대한승마협회의 감사가 이어졌다. 조사를 진행한 순진한 공무원 A는 원칙대로만 하면 되는 줄 알고 '최 씨 파벌과 그 반대편 파벌이 존재하는데 둘 다 문제'라고 정직하게 보고한다. 이를 알게 된 최서원은 분노하고 대통령에게 해당 공무원을 좌천시키라고 한다. 대통령은 장관을 불러 명단에 있는 그 공무원의 이름을 가리키며 "나쁜 사람"이라면서, 행정고시에 합격하고 스포츠 분야에서만 20년 넘게 근무 중인 국장을 좌천하라고 직접 지시했다. 한직으로 좌천된 A

는 계속 버티다가는 동료들이 불이익을 당할 것 같아 명예퇴직을 선택한다. 이 일은 대통령의 말을 직접적인 해고 지시로 볼 수 없다며 대통령 탄핵 사유로 받아들여지지 않았는데, 추후 국정농단 재판 과정에서는 '직권남용 권리행사방해죄'로 인정된다. 직접적으로 말하지 않아도, 최고 권력자의 말은 아래로 내려가면서 매우 구체적인 행동을 지시하는 위력이 될 수 있음을 모를 수가 없다는 이유에서였다.

박근혜는 최서원이 개입한 민간 재단 두 곳에 기업들이 지원금을 내도록 온갖 방법을 동원했다. 청와대 경제수석은 이를 위해 동분서주했다. 그렇게 모은 돈이 무려 774억 원이었다.[¶] 하지만 하는 일도 없는 재단이 승인은 일사천리로 진행된 점, 그런 재단에 기업이 책잡힌 듯이 돈을 수십억씩 내는 모습을 수상히 여긴 언론의 취재가 시작됐다. 2016년 여름부터 하나둘, 정권의 민낯이 공개된다.

상황이 불리해지자 대통령은 2016년 10월 24일, 국회 시정연설에서 갑자기 개헌 이야기를 꺼낸다. 황당했다. 대통령은 임기 내내 개헌에 미온적인 태도를 보였다. "개헌으로 모든 날을 지새우면서 경제 활력을 찾지 못하면 그 피해가 고스란히 국민에게 돌아간다"(2015년 새해 기자회견), "우리 상황이 (개헌론이) 블

¶   국정농단 재판에서 기소될 때 드러난 금액이다.

랙홀같이 모든 것을 빨아들여도 상관없는, 그런 여유가 있는 상황이 아니다"(2016년 새해 기자회견), "지금 이 상태에서 개헌을 하게 되면 경제는 어떻게 살리나." (2016년 4월 언론인 간담회) 등의 발언[51]을 하다가 갑자기 개헌을 준비하겠다고 하니 얼마나 기만적인가.

국면을 전환하려는 꼼수는 통하지 않았다. 그날 저녁, JTBC는 직접 입수한 최서원의 태블릿 PC에서 200여 건의 청와대 관련 파일을 발견했다고 보도한다. 스모킹건이 터졌다. 최서원은 대통령의 주요 연설문을 사전에 받아서 수정했다. 취임사까지도 본인 작품이었다. 선거에서 당시 기준으로 역대 최다 득표수인 1,577만 3,128표를 얻고 대통령에 당선된 박근혜는 허수아비였던 셈이다. 다음 날 대통령은 최서원과의 관계를 인정하는 대국민 사과를 발표했지만, 분노한 국민의 마음을 누그러뜨릴 순 없었다.

사람들은 촛불을 들었다. "이게 나라냐!"라고 외쳤다. 2016년 11월, 광화문광장에만 매주 100만 명 넘게 집결했다. 탄핵이 결정된 2017년 3월까지 촛불 시위에 약 1,700만 명이 참여했다. 노인들과 아이들까지 말 그대로 남녀노소 막론하고 모였다. 폭력은 없었고 질서 정연했다. 전국 곳곳은 물론이고 교포들도 해외에서 매주 촛불을 들었다. 민심이 들끓자 국회는 응답할 수밖에 없었다. 2016년 12월 9일 오후 4시 10분, 국회에서는 찬성

234표·반대 56표·기권 2표·무효 7표로 대통령 탄핵안이 가결된다. 국회의 요구가 적절한지를 따져 본 헌법재판소는 2017년 3월 10일, 재판관 만장일치 의견으로 대통령을 공식 파면한다. 이후 구속된 박근혜는 국정농단과 국가정보원 특수활동비 상납 사건, 총선 공천 개입 등의 혐의에 대해 22년의 징역형을 선고받았다(벌금 180억 원, 추징금 35억 원). 비선 실세 최서원은 직권남용 권리행사방해와 자녀의 입시 비리에 관여한 혐의를 합쳐 21년형을 선고받았다(벌금 200억 원, 추징금 63억).

촛불 시위는 시민으로부터 시작된 촛불에 정치가 응답한 민주주의의 교본이었다. 특정한 정당이나 재야 단체가 앞장서 이끌고 시민이 합류한 게 아니다. 모두가 스스로 판단하고 거리로 나왔기에 '혁명'이라 부를 만하다. 어렵게 바꾼 정치의 판이 다시 오염되는 걸 가만히 보고 있지 않겠다는 엄연한 의지의 표출이었다. 미국 일간지 《뉴욕타임스》는 촛불 혁명을 "수십 년간 한국을 지배해 온 정치적 질서에 저항한 것"이라고 평가했다. '법 위에 있는 대통령'을 더는 두고 볼 수 없었기에 이번만큼은 뿌리를 뽑겠다는 각오로 저항했다는 말이다. 민주적 절차로 당선된 대통령이 민주주의를 유린하자, 국민은 역시나 민주적 절차로 항복을 받아 냈다. 대한민국의 주권은 국민에게 있고, 모든 권력은 국민으로부터 나오니까.

국가는 '몰(沒)인격적'이어야 한다. 사람이 아니라 사람이 구축한 시스템을 통해서 운영돼야 한다는 뜻이다. 과거처럼 왕의 말이 곧 법이 되어 버리면 이는 법치국가가 아니라 인치(人治)국가일 뿐이다. 국민이 외친 "이게 나라냐!"라는 말은 곧 '시스템을 지켜라!'란 의미이자 시스템이 없었던 시대를 망각하지 않았다는 엄중한 신호였다.

과거를 덮고 미래를 갈 순 없다

일각에서는 박근혜 대통령이 무엇을 그렇게 잘못했냐고 묻기도 한다. 역량 부족은 욕먹을 이유이지, 통치행위가 미흡하다고 해서 어떻게 탄핵을 시키고 20년 넘게 감옥에 가야 하냐는 거다. 물론 드러난 결과를 보면 어불성설이다. 이를테면 국정원의 특별 활동비 35억 원을 상납받아 그 돈으로 측근을 챙기고 자신의 사저를 관리하는 등 '국고를 사유화'[52]한 것만으로도 대통령 자격은 없다고 보아도 무방하다. 하지만 이 사실이 탄핵 이후에 알려졌다는 점에서 일부 지지자들의 항변이 아주 약간은 이해가 된다. 특히 대통령은 '내란 또는 외환의 죄를 범한 경우를 제외하고는 재직 중에 형사상의 소추를 받지 않을'(헌법 제84조) 권리가 있으니 말이다. 이명박 대통령이 퇴임 후에 법의 심판을 받은 것을 생각하면, 박근혜 대통령이 임기 중 쫓겨날 만큼의 죄를 지었냐고 따질 수 있다고 생각한다.

하지만 민심이 분노로 폭발한 이유가 있다. 국민들은 대통령의 부정부패를 '어휴, 한심해!'쯤으로 이해하지 않고 '헉! 다시 반복되는구나!'라고 여겼기에 촛불을 들었을 거다. 그저 다음 선거 때 심판하자는 수준으로 두고 볼 수 없다는 두려움, 국민을 기만했던 끔찍한 국가폭력의 역사가 또 등장할 수 있다는 걱정스러움이 그만큼 강했다는 말이다. 독재 정권을 종식시키고 얼추 민주주의의 내실을 다지는 데도 커다란 희생이 있었다. 그런데 '다시는 반복되지 말아야 할 역사'가 현직 대통령의 말과 행동에서 부단히 존재감을, 그것도 긍정적으로 드러냈기에 사람들은 더욱 분노했다. 역사 인식이 부재한 사람의 부정부패, 이 두 가지가 겹쳐지니 국민들의 분노는 배가 된 것이다.

박근혜는 정치인의 길을 걷는 내내 끊임없이 박정희 시대를 좋은 쪽으로 해석했다. 사적 부녀지간으로 보면 이해는 되지만 19년이나 권력의 최고봉에 있었던 박정희가 어떻게 사적 인물이겠는가. 딸로서 나쁜 걸 내버려 두고 좋은 것만 볼 수는 있다. 하지만 정치인으로서는 협소한 역사 인식이다. 나아가 나쁜 걸 나쁘다고 하지 않는 건 역사 부정이고, 심지어 좋았다고 하는 건 분명한 역사 왜곡이다. 박근혜는 '5·16 군사정변'을 구국의 혁명이자 공산당의 밥이 되지 않기 위한 불가피한 선택이라 했고, '유신'을 국가 발전을 위한 전략으로 평가했다.[53]

2012년 대통령 선거를 앞두고는 인민혁명당(인혁당) 사건

피해자들에게 사과할 생각이 있냐는 질문에 "대법원 판결이 두 가지로 나와서"[54] 무엇이 맞는지 정확히 알 수 없다는 나쁜 답을 했다. 왜 나쁘냐, 인혁당 사건은 무고한 국민을 간첩으로 만든 '세계 최악의 사법 살인'[55]이기 때문이다. 유신 독재 시절, 평범한 시민이 간첩으로 둔갑해 판결 18시간 만에 형장의 이슬로 사라져야 했던 그날을 '사법사상 암흑의 날'로 부르고 있는데, 그때의 판결도 중요하다는 것이니 얼마나 황당한가. 8명을 사형하고 7명에게 무기징역을 내린 판결과(1975년 4월 8일) 이와 정반대인 무죄판결이 32년 후에(2007년 1월 23일) 내려진 것은 이 사건의 진위 여부가 복잡하다는 뜻이 전혀 아니다. 독재 타도만 외쳐도 반(反)국가단체 인사로 연루되어 고문을 당하고, 북한의 지령을 받았다면서 언론에 대서특필되었던 암흑시대의 희생양들이 명예를 되찾는 게 그만큼 힘들었다는 말이다. 전두환 정권이 조작한 1981년도의 '부림사건' 피해자들은 33년이 지난 2014년이 되어서야 완전한 무죄로 인정받는다. 이를, 없는 죄도 만들었던 시대의 부끄러움이라고 해석해야 마땅하다. 판결이 일대일이니 아직 두고 보자는 건 매우 부적절하다.

　게다가 박근혜는 대통령 재임 시 역사 국정 교과서를 추진하는 등 '비판적인 역사관'을 부정하는 행보를 계속했다. 지도자의 이런 태도만으로도 사회에는 유사한 생각을 지닌 사람들이 늘어난다. 나는 당시 대학 강의에서 '박정희 대통령을 나쁘게만 말한다', '5·18 민주화운동을 지나치게 미화한다' 등의 평을 받기도 했다. 최근 모 기업인이 '멸공'(滅共)이라는 해시태그를 단 글을 잇달아 SNS에 올리면서 논란이 된 적이 있다. 이를 지지한다면서 대통령 후보가 멸치와 콩을 사는 우스꽝스러운 장면도 연출되었다. 때 아닌 멸공 발언에 사람들은 철 지난 반공 이데올로기 아니냐면서 어리둥절했다. 적절치 않은 이념적 발언이라는 둥, 표현의 자유 아니냐는 둥 옥신각신 논란이 이어졌는데, '용공' 조작의 시대를 알면 '멸공'이라는 단어에 예민한 사람들이 이해가 될 것이다.

한번 잘못 흘러간 역사는 다시 물줄기의 방향을 제대로 돌리기까지 어마어마한 시간과 노고가 필요하다. 박근혜는 특정 이념에 치우치지 않는 역사 균형을 기계적으로 강요했다. 역대 정부에 과(過)가 있지만 공(功)도 있었다는 논리만 도돌이표처럼 반복했다. 민주화의 정당성만큼, 민주주의를 억누를 수밖에 없었던 당시의 사정까지 균형 있게 고려해야 한다면서 논란의 불씨를 계속 지폈다. 문제가 불거지면 매번 이렇게 말했다. "과거로 가려면 한이 없다. 이제 미래로 가자."[56] 미래로 가는 건 좋다. 하지만 과거를 덮고 가는 미래는 후속 세대에게 물려줄 아름다운 미래가 아니다. 박근혜 탄핵 사건은 끔찍했던 역사를 다시는 망각하지 말자는, 언제까지나 기억하자는 투쟁이었다.

아직 끝나지 않은 이야기,

"균형 잡힌 역사관"이라는 함정

영화 〈킹메이커〉(2022)는 정치인 김대중이 어떻게 국회의원에 당선되고 대통령 선거에 출마했는지를 다룬다. 1961년 강원도 인제 국회의원 보궐선거를 시작으로, 1967년 목포 지역구 국회의원 선거, 1971년 제7대 대통령 선거가 주요 배경이다. 역사적 사실대로 여당의 온갖 방해 공작과 부정선거 획책 등 치열한 정치판의 현실이 적나라하게 등장한다. 극중 구도는 자연스레 여당과 야당의 대립으로 흘러가지만, 여당의 힘이 워낙 강력하던 시절이라 팽팽한 대립이나 갈등이라고 표현하긴 어렵다. 영화에서는 1960~1970년대 당시의 군부독재를 상식적이지 않은 거대 권력으로 묘사한다. 그 때문인지 왜 대통령 선거를 앞둔 2022년 1월에 개봉을 했냐는 말도 있었다. 보수 세력의 이미지를 나쁘게 해서 진보 세력을 유리하게 하려는 영화 아니냐는 거다. 이 정도까진 이해한다.

하지만 비상식적인 불편함도 등장한다. 이를테면 '왜 박정희 대통령을 악마처럼 묘사했냐'며 편향되었다고 지적하는 식이다. 그러면서 그 시절을 모르는 청소년들이 "균형 잡힌 역사관"을 가지는 걸 방해한다고 덧붙인다. 과연 그러한가? 독재라는 명확한 나쁜 사실을 말할 때 독재 과정에서 발생한 좋은 업적을 함께 따지는 게 공정한 태도인가? 온갖 부정선거를 일삼으며 헌법을 바꾸고 대통령이 되겠다는 정치인을, 장기 집권을 하겠다는 정치인과 그 주변 권력을 비판하는 것에도 균형이 필요할까? 독재는 했지만 경제는 발전시켰다, 독재는 독재고 경제는 경제 아니냐는 표현은 여전하다. 그런 기계적인 균형 감각이 정치인 박근혜의 성공과 몰락에 지대한 영향을 미쳤다는 걸 누가 부인하겠는가.

"너는 계획이 다 있구나!"

— 영화 〈기생충〉에서 기택의 대사

우리는 역시나 순진하게 믿는다

— 공정하다는 착각[¶], 조국 사태 —

그래서 누구 편인데?

2019년 10월 14일, 문재인 정부의 조국 법무부 장관이 사퇴했다. 취임 35일 만이었다. 8월 19일에 후보자로 지명되고 퇴임까지 66일 동안 조국 법무부 장관을 둘러싼 논란과 사람들의 반응은 다른 이슈를 잠식할 만큼 어마어마했다. 임명이 적절하냐, 논란은 타당하냐, 사퇴를 하라 마라 등 설문조사만 수십 회 이루어졌고 모두가 장관 한 명에 관한 이야기를 했다. 광화문광장

[¶]   『정의란 무엇인가』(2014, 와이즈베리)의 저자 마이클 샌델의 책 『The Tyranny of Merit』(2020 초판, Farrar, Straus and Giroux)의 한국어판(2020, 와이즈베리) 제목이다. 원제인 '능력주의의 폭정'은 어떻게 가능할까? 시험 결과에 따른 차별적 대우는 어떤 경우에도 공정한 보상이라는 착각 때문 아니겠는가. 이 신념의 크기와 불평등의 크기는 비례한다.

에서는 "조국 퇴진" 팻말을 든 수많은 이들의 시위가 매주 열렸다. 서초동 대검찰청 앞은 "조국 수호"를 외치는 이들이 든 촛불로 가득했다. 한국 사회가 둘로 쪼개졌다. 각각의 영역에서 제각기 뭉쳤고 상대와 싸웠다.

대통령의 임명권 행사에는 상징성이 있으니 그 해석을 두고 언론과 정치권이 다투기도 하지만, 국민 전체가 이토록 흥분하여 옥신각신한 것은 해방 직후 신탁통치 찬반 논쟁을 둘러싼 좌우익의 극심한 대립 이후[57] 초유의 일이었다. 한쪽의 입장에서 한쪽을 옹호하는 글을 쓴다면 몇 장은 가능할 거고, 반대쪽을 비판한다면 밤을 새워 이야기해도 모자랄 것이다. 이 말은 내가 어떤 위치에서 논의를 전개하느냐에 따라 좋은 글과 나쁜 글이 동시에 될 수 있다는 뜻이다. 글 자체의 논리성과 무관하게 "내 생각과 일치하는 탁월한 글"이라는 칭찬과 "그래서 누구 편인데?"라는 의심이 난무할 것이다.

이슈가 진영 싸움이 되었다는 말이다. 진영은 서로 대립되는 세력을 뜻하는 사회적·정치적 용어로 통용되지만 전쟁터에서 군인이 진을 치고 있는 모습 그대로 이해해도 무방하다. 내 눈엔 저들이 적군인 것이고, 저들의 눈엔 내가 적군인 것이다. 단순한 대립 정도가 아니라, 스스로를 민주적이라고 여기는 집단이 반민주적인 게 분명한 상대를 향해서 임전무퇴의 각오로 으르렁거리는 게 진영 싸움이다. 군인이 공식적인 전쟁 상황에서 적군을 향해 총을 발사해도 살인죄로 처벌받지 않는 것처럼, 사회적 이슈도 정치적 진영으로 갈라지면 말들이 거칠어진다. 갑자기 빨갱이, 극우주의자 등의 표현들이 부유한다. 이 지경에 이르면 현상에 대한 상식적인 판단은 유보된다. 그걸 비판하면 '우리'에게 불리하니까 오히려 옹호해야 마땅하고, 반대로 저걸 비판하지 않으면 '저들'이 유리할 것 같으니 비판을 넘어 비난을 서슴지 않는다. 솔직함은 우선순위에서 밀려난다. 나의 생각이 내가 싫어하는 '저쪽'을 도와줄 것 같으면, 솔직함보다 더 중요한 것이 있다고 여겨 의견 개진을 포기할 수밖에 없다. 자신의 논리보다 진영의 논리가 현재로선 더 중요하다고 판단하기 때문이다.

진영끼리 다투면 논란 A는 다른 논란 B로 이어지고, 또 다른 이슈 C가 겹쳐진다. A가 무엇인들 진영의 유리함을 위해서는 B까지 고려해서 판단해야 하고, C를 염두에 두고 결정을 내려야 한다. A의 옳고 그름만 따지는 건 혼자만 잘 살겠다는 협소한 시선이 되어 버린다. 처음엔 조국 장관 자녀의 입시 문제였다. 스펙으로 기재된 항목에 허위가 많다는 거였다. 그런데 취재가 시작되고 검찰 수사가 진행되면서 불똥이 다른 곳으로 튄다. 입시 문제도 문제지만, 언론의 취재 윤리, 검찰 수사의 공정성 등이 하나하나 도마 위에 오른다. 본질과 상관없는 보도에 대한 문제 제기가 거셌고, 딸, 아들, 부인, 사촌의 문제까지 동시다발적으로 수사를 진행하는 것은 검찰의 마녀사냥 아니냐는 항의가 빗발쳤다. 여기에 하나의 역사가 겹쳐진다. 과거 노무현 대통령도 퇴임 후 검찰로부터 온갖 수모를 겪지 않았던가. 이것과 조국이 겪는 굴욕이 비슷해 보인다고 생각하게 되니, 장관 임명 논란은 일순간에 진보 진영에 대한 공격으로 해석된다. 이 순간, 지지자들은 결집한다. 무조건 지키는 것만이 목표가 된다.

반대쪽에선 '내로남불' 아니냐면서 비판한다. 조국 장관은 오래전부터 불평등을 비판하며 공정 사회를 말해 왔다. 그러니 '기회의 평등, 과정의 공정, 결과의 정의로움'이라는 문재인 정부의 슬로건을 상징하는 인물을 더 냉정하게 따져 보는 건 당연한데, 왜 진보 진영에선 그를 옹호하냐고 다그친다. 그러면 입시 제도라는 거시적인 문제를 내버려 두고, 사람 한 명을 탈탈 털어 자기소개서에 적힌 문구를 '압수수색까지 하며' 한 줄씩 따져 보는 건 상식적이냐는 반론이 등장한다. 개인의 명백한 범죄라는 의견과, 입시 경쟁 과정에서 벌어질 수밖에 없는 부풀리기 정도에 불과하다는 의견이 팽팽하게 맞선다.

조국 사태가 공정에 대한 논의를 수면 위로 끌어올렸다는 이야기가 많았지만, 이슈가 진영 논리 안으로 들어온 이상 공정은 진흙탕 싸움의 소재가 되어 상대를 공격하는 무기가 된다. 게다가 언론조차 핵심을 제대로 짚어 내지 못하고 단편적인 사실에 의존해 정보를 흘리면, 그런 정보들을 듣고 상식적인 토론은 불가능하다. 하나의 사례를 보자.

조국 장관의 딸이 별다른 기여도 없이 단국대 연구실에서 발표한 논문의 제1저자로 등재되었다는 것이 이슈였을 때다. 교수들끼리 서로 봐주고 한 거 아니냐는 의혹이 대두되면서 노블레스 오블리주를 저버렸느니 어쩌니 하며 한창 시끄러웠다. 여기까지는 판단을 흐리게 하는 어떤 정보도 없다. 의혹이 사실이라면 그건 분명 문제다. 윤리적으로 비난받을 영역인지, 아니면 형사처벌을 받아야 하는 건지 이견이 있겠으나 이를 '전혀 문제되지 않는 일'이라고 할 사람은 없다. 하지만 당시 상황을 있는 그대로 판단하는 것을 막는 의도적이고 오염된 정보가 너무 많았다. 2019년 8월 23일, 단국대 학생 일동이 논문 조작 진상 규명을 요구한다는 언론 보도가 복사 수준으로 등장한다.

> 단국대 천안캠퍼스 학생들로 구성된 연구부정 비상대책위원회는 23일 교내 체육관 앞에서 시국 선언문을 발표하고 "오늘날 대한민국 교육계는 일대 위기를 맞이하고 있고 대한민국 교육이 공정하다고 하는 믿음이 뿌리째 흔들리고 있다"고 지적했다.
>
> — 《서울신문》 2019년 8월 23일 자 기사[58]

기사에 소개된 사진에는 코로나 시기도 아니었을 때인데

마스크를 쓴 다섯 명이 등장한다. 모자와 선글라스를 착용한 이도 있었다. 학생 일동을 대표한다는 이들은 시국 선언이라는 현수막을 앞에 세우고 손에는 '○○○ 내려와'라고 적힌 종이를 들고 있었다. 이들이 겨냥하는 인물은 논란이 된 논문의 책임 저자였던 교수였다. 일반적으로 자기 대학교의 교수를 비판할 때는 '님' 자까지는 아니지만 그래도 교수라는 호칭 정도는 붙이는데, 그냥 이름만 적혀 있었다. 거침없었다. 이를 18개 언론사에서 같은 날 비슷한 시간에 보도한다. 사진과 내용은 한 명이 작성한 것처럼 비슷했다.

하지만 단국대 연구부정 비상대책위원회는 공식적으로 존재하는 단체가 아니었다. 이들 다섯 명은 학생증을 보여 달라는 기자의 요구를 거부하고 대기 중인 자동차를 타고 사라졌다. 이 승합차에는 극우 시민 단체의 시위에서 종종 등장하는 중국 정부를 규탄하는 피켓도 있었다.[59] 기자들에게 일정을 알린 이는 특정 당의 당원이었다. 학교와 학생회 측에 확인한 결과 이들은 '누군지도 모르는' 유령들이었다.[60] 그러니까, 어떤 기자가 사실 확인을 하는 동안 어떤 기자들은 사실 확인 따위는 처음부터 중요한 게 아니었다는 태도로 보도를 했던 거다.

누가 봐도 의도가 분명한 사건을 별다른 문제의식 없이 보도했으니, 언론이 스스로 진영 논리에 빠진 꼴이 되었다. 이쯤 되면 언론을 신뢰하는 건 불가능해진다. 후보자가 기자회견장에서 일본제 볼펜을 사용했다는 점을 무슨 대단한 일인 양 보도한 기사, 자녀가 해외에서 고급 승용차를 타고 다녔다는 등의 거짓 뉴스를 단순히 기자의 해프닝으로 보기가 힘들어진다. 이런 일이 겹쳐지면 토론은 불가능하다. 팩트를 따지는 것은 둘째 일이고 일단 싸움에서 이기는 게 제일 중요해진다.

그럼에도 불구하고

진영 논리 때문에 정보가 오염되면서 사안이 흐릿해진 측면이 있긴 하지만, 그럼에도 불구하고 이 사태로 드러난 사회의 면면에 의미 있는 질문을 던지는 걸 회피할 순 없다. 여기서 의미 있는 질문이란 재판 결과를 상세히 나열하고 '이게 왜' 유죄인지 알려 주는 게 아니다. 두둔해서가 아니라, 그게 본질이 아니기 때문이다. 개인의 도덕성 그 이상의 무엇을 짚어야 한다. 그 방법은 좀 과감해야 하는데, 사람들이 다투었던 여러 논쟁적인 사안들을 형사처벌 대상이 아니라고 규정하면 더 선명하게 불평등이 보인다. 표창장 위조, 허위 인턴 경력, 허위 논문 저자 등재 등 자녀 입시 비리와 관련해서 언론이 집요하게 의심하고 검찰이 정교하게 수사한 모든 그렇고 그런 혐의들을 불법으로 판단할 수 없다고 가정을 하면, 한국 사회의 교육이 얼마나 불평등한지가 훨씬 적나라하게 드러난다. 그때야 '그들만의 리그'

라는 판도라의 상자가 열린다.

사실 괜찮은 집안의 자녀가 평범한 사람들은 흉내조차 내기 어려운 스펙을 쌓으며 대학에 합격하고 대학원에 진학한 사실이 놀라운 일은 아니다. 대부분 알고 있다. 집에 돈이 많으면 학원을 좋은 데 다닌다, 부모님이 엘리트면 어릴 때부터 해외를 자주 오가는 경험을 할 수 있다 등등 말이다. 하지만 이는 중산층 정도의 가정에서 벌어지는 비교적 흔한 일일 뿐이다. 그보다 훨씬 높은 상위 레벨의 사람들에게 그건 입시 준비 기초 1단계 수준에 불과하다.

연구실 인턴 경력이 조작되었는지보다 더 충격적인 것은 '대학 연구실 인턴'이라는 묵직한 경력 사항이 대학 입시를 위해 당연히 필요한 스펙이었다는 거다. 실제 의과대학과 병원 연구실에는 자기소개서에 들어갈 한 줄을 위해 인턴십에 지원하는 학생들로 넘쳐 난다고 하니,[61] 놀랍다. 고교 과정을 성실히 수행했는지를 묻는 게 공정한 입시일 텐데 그런 고려 없이 무작정 어마어마한 능력을 요구하는 것도 문제지만, 더 큰 문제는 그런 경험에 접근할 기회가 평범한 사람들에게는 없다는 거다. 인턴으로서 연구를 보조하는 것보다 인턴이 되는 것이 누군가에게는 훨씬 어렵다.

부모가 마음을 먹는다고 가능할까? 인터넷 검색을 열심히 하고 도서관에서 책을 종일 찾아보면 관련 정보를 접할 수 있을까? 아는 대학교수에게 묻는 게 훨씬 빠른 해법일 거다. 여기에 더해 본인이 교수라면 한결 유리할 거다. 괜히 어려운 길로 가지 않고 바로 물어볼 수 있다. 심지어 본인도 학교에서 비슷한 연구소를 맡고 있다면 문의는 좀 더 확실한 부탁으로 이어질지 모른다. 교수가 아니고서는 할 수 없는 부탁, 또 교수이기 때문에 도움 줄 수 있는 영역을 최대한 활용해 서로 호의를 베푸는 등 '그들끼리'의 정보 교환과 '그들끼리'의 인적 교류가 이미 촘촘하게 한국 사회에 흐르고 있었으며, 이는 입시에 반영되고 있었다. 대부분의 사람들은 팔방으로 뛰어다녀도 그 근처조차 가지 못할 세계였던 것이다. 일반인들이 꿈도 꿀 수 없는 세계에서 누구는 차근차근 자신의 능력을 키워 나갔고, 하물며 고등학생임에도 불구하고 학술 논문에 이름을 올릴 기회도 훨씬 가까이 있지 않았나.

지금까지 그들만의 리그가 감춰져 있지는 않았다. 명문대에 가려면 이왕이면 공부 잘한다는 고등학교에 가야 하고, 그러려면 중학교도 신경 써야 하고, 이를 위해서는 어릴 때부터 학습 의지가 강한 친구들과 함께 있어야 하고, 등등의 성공 법칙은 개인차에 따라 부담스럽긴 하겠지만 실천 불가능한 미지의 영역은 아니다. 많은 부모들이 '이렇게 서울대 보냈다'는 누군가의 무용담을 듣고 동기부여를 하는 것처럼 말이다. 그러니까 우리의 불평등은, 그래도 욕망은 평등하게 지닐 최소한의 배려가 있었다. 하지만 이번에 드러난 '높으신 분들의 연합'은 이런 상상력 자체가 쓸모없음을, 아예 다른 세계가 있음을 증명했다. 어찌어찌 특목고에, 명문대에 진학하는 것만으로 경쟁은 끝나지 않는다. 그건 시작일 뿐이고, 격차는 그 안에서 다시 '사람의 급에 따라' 천지 차이로 벌어진다.

가난한 가정에서도 자녀 교육만큼은 쉽게 포기하지 않는다. 웬만한 중산층도 자녀를 학원에 보낼 비용을 마련하기 위해 제법 끙끙거린다. 하지만 정말로 성공하는 사람들은 돈만 있지 않다. 높은 지위에서 맺을 수 있는 인간관계를 총동원하여 좋은 결과를 도출한다. 사회적으로 맺은 인연을 마치 돈처럼 사용하는 셈인데, 밤낮없이 부모는 돈 벌고 자녀는 그저 공부만 열심히 하는 가정에서는 결코 구할 수 없는 일종의 '사회적자본'이다. "뛰는 놈 위에 나는 놈이 있다."라는 사실은 세상 이치지만, 너무 높게 날고 있는 모습을 눈으로 마주하는 것은 정말 괴로운 일이다.

이런 사회적 문제는 쉽게 조정되지도 않는다. 고교 블라인드제가 효과가 없는 이유다. 출신 학교의 후광효과를 방지하고자 수시 전형에서 학교 이름을 가리곤 있지만, 서울대 수시 최초 합격자 수 상위 30위 안에 일반고는 한 곳도 없다.[62] 학교 이름을 감춘들, 그 학교에 들어갈 만한 이들이 지닌 화려한 생애 과정이 숨겨지는 게 아니기 때문이다. 각종 공모전이니 표창 경력 등을 기재하지 않도록 하고 있어도 마찬가지다. 그런 걸 받는 이들은 굳이 서류로 증명하지 않더라도 말하는 게 이미 다르다. 몇 가지 질문에 답하는 것만 봐도 높은 수준이 확연히 드러난다. 사람들은 이 차이에 대해, 객관적인 능력의 차이이니 문제될 것이 없다고 한다. 능력의 차이를 야기한 계층이나 부모의 사회적·경제적 지위는 없는 셈 친다. 블라인드 테스트가 오히려 차별을 정당화해 버리는 것이다. 이처럼 불평등은 어떤 단계를 지나쳐 버리면 무슨 수를 쓴들 그 간극이 좁혀지기는커녕 더 벌어질 뿐이다.

조국 사태 당시 서울대, 연세대, 고려대 학생들의 시위가 몇 차례 있었다. 언론은 대학생들이 공정에 분노했다면서 보도하기 바빴지만, 이들 대학을 제외한 다른 학교 학생들은 별로 동참하지 않았다. 그 청년들의 눈에는 이른바 명문대라고 하는 곳에 다니는 학생 역시 '그들만의 리그'를 충실하게 살아온 이들로 비춰졌기 때문일 거다. 사실이 무엇인들 그렇게 느껴질 수밖에 없다. 좋은 환경에서 자랐기에 공부도 잘할 수 있었을 명문대생들이, 평소 다른 청년들에게 박탈감을 느끼게 했을 그들이 갑자기 정의를 외치며 자신들의 소외감과 억울함을 호소하니 어찌 공감할 수 있겠는가. 명문대 학생들의 스펙에 빠짐없이 등장하는 리더십 캠프, 해외 봉사 활동 등의 기회는 결코 누구에게나 열려 있지 않다.

공정한 불평등이라는 착각

"3루에서 태어났으면서 자신이 직접 3루타를 친 것처럼 생각한다."

능력주의가 공정하지 않음을 나타내는 대표적인 표현이다. 집안의 경제력이 능력으로 이어진다는 연구 결과는 차고 넘친다. 부모의 자산이 클수록 자녀는 보다 경쟁력 있는 학교에 다닌다. 자녀를 공부시키려면 대치동이나 목동에 살아야 한다고들 하는데, 그 동네 아파트값은 확인할 때마다 숨이 막힐 정도다. 부모의 소득 수준이 높을수록 자녀들은 품질이 뛰어나고 결과도 좋은 사교육을 받는다. 자식 잘 되게 하고 싶은 부모의 마음은 비슷하지만, 한 달 사교육비 30만 원과 300만 원이 같을 리 없다. 이뿐이겠는가? 부모의 화려한 인적 네트워크는 자녀의 생애과정을 훨씬 풍요롭게 한다. 방학을 알차게 보내는 수준 자체가 다르다. 심지어 안정적인 생활에서 오는 부모의 건전한 생활 습관은 그 자체가 자녀들에게 훌륭한 모범 사례가 된다. 잘 먹고, 잘 쉬고, 게다가 힘들어도 긍정적으로 생각한다면 무엇이든 잘할 수 있다는 자신감의 두께가 쉽게 줄어들지 않는다. 전문직이기 때문에 가능한 부모의 특별한 언어능력조차 자녀의 인생을 좌우한다. 항상 궁금증을 가지는 태도, 그리고 이를 예의 있게 질문하는 습관은 교사의 관심을 끌게 하니 말이다. 정리하면, 뱁새와 황새는 많이 다르다.

그런데 더 큰 문제가 있다. "자신의 성공을 운이라고 생각하라"는 말처럼, 3루까지 가 있는 건 우연이라 치더라도 3루에서 홈으로 들어가 득점을 올리는 것도 만만치 않다는 거다. 3루에 안착만 했다고 경쟁이 끝나는 게 아니다. 1루도 가지 못한 사람에겐 부러운 고민이겠으나, 3루 주자는 나름의 긴장을 한다. 3루에 있다고 모든 주자가 홈으로 무사히 들어오지는 않는다. 타자가 힘없는 내야 땅볼이나 멀리 뻗지 않는 외야 플라이를 치면 3루 주자는 생사를 걸고 달려야 한다. 슬라이딩을 해야 하고 포수와 충돌하는 것도 두려워해서는 안 된다. 이 상황이 9회 말 투아웃에 벌어진다면 주자가 팀의 승패를 좌우한다. 자신이 대주자로 투입되어 실제 시합에 참여한 건 몇 분에 지나지 않을지 모르겠지만, 그날의 주인공은 마지막 결승 득점을 올린 그 선수다. 게다가 부상이라도 입었다면 온갖 스포트라이트를 받을 수밖에 없다. 인터뷰에서 이렇게 말할 거다. "이 한 번을 위해서 지금까지 흘렸던 엄청난 땀이 있었습니다. 매일 훈련, 또 훈련했죠. 기회가 왔고 제가 잡았습니다! 부상을 두려워하지 않았기에 가능했습니다. 역시 땀은 배신하지 않습니다."

능력주의의 모순은 여기서 등장한다. 3루까지 어떻게 갔는지는 잊게 하고, 3루에서 홈까지 들어온 능력만이 주목받는다. 멋진 슬라이딩을 하느라 더러워진 유니폼이 노력의 증거가 되면서, 전체 판에 흐르고 있는 불평등이 수면 아래로 가라앉아 버린다.

　주류 경제학에서는 부단하게 '공정한 불평등'은 사회를 더 이롭게 한다는 주장을 펼친다. 이들의 눈에 입시 비리 뉴스에 나오는 내용들은 3루 주자가 반칙을 해서 홈으로 들어온 '나쁜 불평등'이지만, '법만 어기지 않았다면' 능력에 따라 결과를 얻고 보상을 차등적으로 받는 것은 그 자체가 누군가에게 동기부여가 되기에 '좋은' 불평등이라는 것이다. 과연 그럴까? 동기부여하는 시스템이 이미 불평등한데, 좋은 불평등이니 나쁜 불평등이니 하는 구분이 그렇게나 쉬울까 모르겠다. 물론 개천에서 살다가 용이 된 사례를 내밀며 '아직 세상은 정직하다!'라고 생각할지 모르겠으나 모든 통계는 개천이 그 자체로 불리함을 증명한다. 3루까지 남들보다 안정적으로 간 사람이 잘못된 것도 아니고, 그 3루부터의 여정이 쉬웠다는 것도 아니다. 노력 끝에 홈으로 들어온 것도 인정한다. 하지만 그게 3루에서 시작했기에 더 '유리했다는' 사실을 감출 순 없다. 3루까지 가다가 아웃당한 아무개와 출전도 못해 유니폼이 깨끗한 누구를 보고 '노력 부족'이라고 비난할 이유가 될 수 없다.

　'한국 사회의 불평등'에 대한 강연을 다니다 보면 "자본주의라는 체제 자체를 없애는 것이 훨씬 빠른 해결책 아닌가요?"라고 묻는 사람들을 만난다. 그때마다 주변인들은 말도 안 되는 소릴 하냐면서 쳐다본다. 약간 과격한 주장이긴 하다. 하지만 자본주의의 등장이 고작 몇백 년 전이라는 사실을 떠올려 보면, 지금 우리가 살아가는 이 판을 원래 그런 것처럼 당연하게 받아들이는 태도가 고정관념인 것도 사실이다.

철학자들은 '변화하려는 세상의 성질'을 변증법을 통해 설명했다. 변증법은 '정'(正)이라는 원래 상태가 '반'(反)이라는 다른 패러다임과 다투다 '합'(合)이라는 새로운 형태의 등장으로 이어진다는 역사의 이치다. 과거엔 노예제도와 신분제도를 우주의 질서라고 여기는 사람이 많았지만, 그 당시에도 세상은 꾸준히 꿈틀거렸다. 무엇을 타파해서 무엇이 등장했고, 또 그걸 타파해서 다른 사회가 등장한 건 엄연한 사실이다. 그러니 "자본주의를 뜯어 버리고 다른 것으로 대체하자."라는 고민을 무조건 망상이라고 볼 순 없다.

내 의견을 굳이 말해야 한다면, 내 답은 거기까지 가지는 않는다. 권력에 무소불위의 힘을 주지 않고, 커다란 자본주의 체제 안에서 사회주의적 속성을 현명하게 응용하면 지금보다 더 좋은 사회가 가능하다고 나는 믿는다. 하지만 이 답이 그게 가능해서인지, 아니면 그것 외에는 불가능하기에 떠올린 별수 없는 도달지인지 묻는다면 솔직히 당당하지 못하다. 내 생각은, 그게 유일한 방법 아닌가 하는 현실적인 체념의 연장선일지 모른다. 주눅 들어 있음에도 들키지 않으려는 내 강박이 아니라고 말하지 못하겠다.

우리가 살아가는 이 세계에는 자본주의의 문제점을 알면서도, 역시나 자본주의만이 자신의 운명을 바꿀 유일한 체제라고 여기는 사람이 절대다수다. 현대사회를 살아가는 사람들은 하늘이 허락한 만큼만, 주어진 팔자대로만 살아야 한다고 믿지 않는다. 평생 비슷한 집단의 사람들만 마주 보고 사는 것이 인생의 전부라고 받아들이지도 않는다. 피라미드 위로 올라갈 수 있다는 희망, 한 단계 상승할 때마다 삶이 달라지리라는 기대를 신분이나 지위 따위에 구애받지 않고 남녀노소 꿈꾸게 한 체제는 인류 역사상 자본주의가 처음이다. 운명을 바꿀 수 있다는 건방진 포부는 그동안 금기였지만, 자본주의는 '희망'을 개인에게 선사했다. '상상'을 가능하게 했다. 사람들은 일곱 번 넘어져도 여덟 번 일어나겠다는 각오로 버틴다. 내일은 오늘과 다를 것이란 기대로 고통을 참는다. 그 결과 불평등을 전제한 자본주의는 '불평등에서 벗어날 수 있다'는 각오를 다진 개인들 덕분에 맹렬히 전진했다.

우리는 일곱 번 넘어져서 결국 다시 일어나지 못한 사람들에 대한 관심을 껐다. 우리의 '정의' 관념은 이런 적자생존의 법칙 위에서 빚어졌다. 사람들은 '정의'를 모두가 동등하게 실질적으로 평등한 권리를 누린다는 측면이 아니라, 노력의 크기에 따라 각자 도달하는 지점이 불가피하게 달라지는 것으로 받아들였다. 결과가 불평등해도 노력한 만큼이니 공정하다 여겼다. 자본주의의 성장과 함께 형태를 갖춘 근대 공교육은 '공정한 불평등' 논리를 부단히 가르쳤다. 계급과 상관없이 누구나 학교를 다니니 기회는 평등해졌다고 포장했다. 그러니 시험 결과에 승복하라고 주술을 건다. "결과로 증명하라!"라는 말이 부유하는 세상에선, 결과를 의심하는 건 공정하지 않다고 여겨졌다. 조국 사태는 이 판이 깨진 게 아니다. 이 판의 정밀함, 견고함, 그리고 무서운 폭력성이 고스란히 드러난 일이었다. 불평등은 자본주의사회의 부작용 정도가 아니라, 매우 정교한 시스템이었던 것이다. 그 안에서 우리는 매일 속고 있다.

'수시' 대신 '정시' 확대하면 공정할까

영화 〈기생충〉(2019)과 드라마 〈오징어게임〉(2021)은 지극히 한국적인 이야기 속에 자본주의에 대한 비판적 시대 인식을 절묘하게 녹여 내며 전 세계를 사로잡았다. 〈기생충〉에서는 언덕 위 저택과 반지하, 지하벙커라는 구도로 계급 격차가 공간화되며, 〈오징어게임〉에서는 수백억 원의 상금이 걸린 생존 게임이 진행된다. 〈기생충〉이 보여 준 불평등의 크기는 〈오징어게임〉 속 생존 경쟁의 끔찍함과 비례한다. 불평등의 구조에서 개인은 늘 바늘구멍과 마주해야 한다. 통행료가 비싸지고 통과 자격이 까다로워지는 건 두말하면 잔소리다. 이 복잡함에 비례하여, 개인이 오롯이 개인의 자격으로만 경쟁하는 건 불가능해진다. 인류의 역사가 불평등하지 않았던 적이 없었음을 감안하면 '공정한 경쟁'이라는 건 존재할 수 없다는 말이기도 하다.

그런데 자격 요건의 '복잡함'이 문제가 되자, '단순함'이

해결책이라고 말하는 사람들이 많다. "수능 100%로 선발해라!"는 식이 그렇다. 심정은 이해가 되는데 '수시 폐지, 정시 확대'는 불평등을 줄이는 것과 무관하다. 오히려 정시 확대는 수능 성적으로 차별하는 건 정당하다느니 등의 말들을 부유시키며 불평등에 대해서 더 이상 따져 물을 수 없는 사회를 만들 뿐이다.

시험제도로 불평등의 문제를 온전히 해결할 수 있다는 건 어불성설이다. 정시가 확대되면 수능 문제를 잘 풀 수 있는 방법을 집중적으로 배우면 되니, 사교육에 충분히 투자할 수 있는 계층은 역시나 정시에도 강할 수밖에 없다. 이것도 문제고 저것도 문제면 어쩌라는 거냐고 물을 거다. 시험제도를 파괴하자는 게 아니다. 사회가 위와 아래로 선명하게 구별되는 현상 앞에서, '공정'이라는 미명하에 '시험'의 형식만 바꾸는 단편적인 해법은 안 된다는 거다. 불평등은, 불평등 그 자체로 문제다.

에필로그

지금 여기는, 우리의 결과다

좋은지는 모르겠지만 새벽에 일어나서 글을 쓴 지가 오래되었다. 새벽 3시 정도부터 시작하는 작업의 감성, 그런 건 잊은지 오래다. 그냥 이때의 서너 시간이 늦은 밤의 동일한 시간보다는 늘어짐이 덜해서다. 서울에 살 때는 밖을 보면서 시간의 흐름을 알았다. 버스가 보이면 대강 새벽 4시, 아파트 창문으로 불빛이 하나둘 보이면 6시였다. 그런데 제주 시골 마을에서의 새벽은 말 그대로 칠흑이다. 해가 뜨기 전까지 보이는 건 아무 것도 없다. 이 완벽한 적막감이 가끔 무서울 때가 있다. 그래서 새로 생긴 버릇이 생방송 TV 뉴스를 틀어 놓는 거다. 사람의 말을 듣고 있으면 약간이나마 고립감이 사라져서다. 나처럼 노동을 하고 있는 앵커를 바라보면 약간의 위로도 되는 것이 사실이다. 그러면서 독서도 하고 키보드도 두들긴다. 능률적이어서 좋았다. 하지만 이 책을 쓰면서는 좀 달랐다.

일반적으로 챕터 하나가 완성되어 가는 과정은 주제와 관련된 자료를 찾고 읽으며 몇 개의 키워드를 도출해 살을 붙여가는 식이다. 사회적 이슈를 비판적으로 접근하는 내게 이 여정은 감정적으로 힘들다. 왜 세상이 이런지 한숨이 자주 나오는 상황이 몇 날 며칠 지속되어 머릿속이 오직 하나의 주제로만 포화 상태에 이르면 '이제는 글로 마무리할 때'라는 신호가 온다. 그때, 창문 밖 어두운 풍경과 교차되며 들려오는 뉴스의 끔찍한 이야기들이 선사하는 절망감은 대단하다. 세상이 밉다는 것도 있겠지만 내가 한심해서다. 모순된 사회구조에 짓눌려 허우적거리며 힘들어하는 사람들의 이야기는 반복되는데, 나는 팔자 좋게도 글 쓰기 좋은 시간대나 고민하고 있으니 말이다. 어떻게든 잘 읽히는 글을 쓰겠다고 재치와 기교를 부리던 나는 쥐구멍에라도 숨고 싶을 지경이다.

이 책을 작업하는 내내, 항상 몇 걸음 앞에서 나를 조롱하는 세상이 미웠다. 철거 현장의 건물 붕괴 자료를 찾는 중에, 건설 중인 아파트의 한 면이 폭삭 무너져 노동자들이 잔해에 깔려 사망하는 '아파트 공화국' 대한민국의 현주소를 마주해야 했다. 군대의 폐쇄적 문화를 다룬 논문을 읽다가, 성추행을 당한 공군 여성 부사관이 아무리 군대에 알려도 별다른 조치가 없는 막막

한 상황에 대한 좌절감을 극단적 선택으로 세상에 알린 사건을 접하며 한숨을 쉰다. 특히 작업 기간 내내 대통령 후보들의 아무 말 대잔치를 들어야 했다. 국가 지도자가 되겠다는 사람의 입에서 '구조적 차별은 없다'는 말이 나오는 걸 듣는 건 곤욕이었다.

세상이 나를 보고 '사회가 그깟 글 몇 자로 바뀐다고 생각했어?'라면서 비웃는 것 같았다. 그만큼 사회구조적인 모순이 쉽사리 해결되지 않기 때문일 거다. 그러니 구체적인 정책을 만들기 위해, 관습적인 나쁜 문화를 뿌리째 뽑기 위해, 머리를 맞대고 특단의 조치를 고민해야 하는 건 분명하다. 하지만 사회의 나쁜 면이 반복되는 것을 자꾸 접하다 보면 머릿속에 어떤 유혹이 생긴다. 안타까운 건 알겠는데, 내가 여기에 깊게 빠져 있을 필요는 없겠지? 분노가 치밀긴 하지만, 내가 화낸다고 뭐가 달라질까? 많은 이들의 관심이 필요한 사건이지만 그렇다고 내 일상이 방해받아선 안 되겠지? 등등의 회피 전략이 정교하게 전개된다. 결국 '나쁜' 뉴스는, 나쁘기에 멀찍이 비켜서서 겉만 핥으며 잠시나마 씩씩거리는 용도에 지나지 않게 된다. 비일상적인 불행이 익숙해져도, 익숙해진 그대로 흘러가게 내버려두는 꼴이다. 이와 비례하여 사회구조라는 거대한 덩어리는 원래의 속성이 더 강화되고 더 무시무시해지며, 그 위압감에 평범한 개인들은 일단 피하는 게 상책이라는 철학만으로 살아가게 된다.

무너지지 말아야 한다. 이 사회는 사람이 만든 거고 그걸 바꾸는 것도 사람이라는 사실을 잊지 말아야 한다. 마주하기 싫어도 마주해야 변화가 가능하다. 일단 화들짝 놀라고, 아직도 이런 일이 있냐고 탄식하고, 피해자를 추모하고, 재발 방지를 모색하는 고민의 연속만이 사회를 움직인다. 교통사고 사망률이 이런 관심으로 줄어들고 있는 것처럼 말이다. 연도별 교통사고 사망자는 2000년에 1만 236명이었는데 꾸준히 감소하여 2021년도에는 처음으로 3,000명 밑으로 떨어졌다. 안전띠를 매고, 운전 중 휴대전화 사용을 금지하고, 도심 주행속도를 줄였기에 가능했다. 그리고 이 변화는 끔찍한 사고 앞에서 '왜 우리는 아직도 이런 세상에 살아야 하는가'라는 일관된 문제의식이 없었다면 지지부진했을 거다. 세상이 좋아진 거와 상관없이, 여전히 세상이 엉망이라고 여겼기에 조금이나마 나쁜 수치가 줄었다. 염세적이고 비관적으로 세상을 바라보는 건 아닐까 하는 괜한 성찰로부터 자유로워질 때, 사회의 슬픔은 조금이나마 줄어들 것이다.

항상 적절한 질문을 던지고 우직하게 그 답을 찾아야 한다. 성 소수자 차별이 문제면 "왜 보편적 인권으로부터 누구는 소외되어야 하나?"라고 묻고 따지는 게 상식이다. 그런데 "나는 그 사람들이 좀 이상해."라는 추임새를 꼭 넣으려는 사람들이 있다. 빈곤층이 보호받지 못하는 사회문제가 등장하면 "도대체 이

나라는 복지 시스템이 왜 이 모양이야?"라면서 눈을 부라려야 한다. 하지만 "요즘 같은 시대에 가난하다는 건 헛소리 아니야?" 라면서 빈정거려야 속이 풀리는 사람들이 있다. 여기에 흔들리면 안 된다. 당당해야 한다.

첫 책이 나온 지가 8년이 지났다. 열세 번째 단독 저서이지만 글을 쓴다는 건 매번 힘들다. 쓰기 자체의 고충도 있지만 시간이 지날수록 '쓰기의 의미'가 나를 괴롭힌다. 비판적으로 사회를 바라보는 글이 무슨 효과가 있을까 하는 번뇌가 매번 나를 주저앉게 한다. 하지만 그때마다 씩씩해지라는 독자들의 격려를 받았다. 새벽부터 일하는 게 너무 힘들어 SNS에 주절주절 푸념을 늘어놓으니 '당신의 밥벌이가 누군가에게는 사회 변화의 희망'이라며 내가 찾지 못한 글쓰기의 힘을 말해 주는 이가 있었기에 또 끝까지 달려올 수 있었다.

우리가 마주하는 세상의 민낯에 익숙해지지 말자고 다짐한다. 안 그래도 사회가 엉망인데, 굳이 무거운 이야기로 사람들의 마음을 스산하게 만들 필요가 있냐고 속삭이는 내 마음속 어딘가의 흐트러짐을 다잡는다. 지금 여기의 모습은, 우리의 결과다. 다시 우리가 원인이 되어야, 사회는 변한다.

1. Tracy Baim, 「Second Wachowski filmmaker sibling comes out as trans」, 《Windy City Times》, 2016. 3. 8.

2. 최현정 기자, 「힙합을 만나다 ⑨ 방탄소년단 슈가&랩몬스터의 '좋은 게 좋은 것'」, 《스포츠동아》, 2015. 7. 6.

3. 강나현 기자, 「외신도 설리 사망 소식 집중 보도…"한국 온라인 폭력 심각"」, 〈JTBC 뉴스〉, 2019. 10. 15.

4. Emma Kelly, 「How many more celebrities have to die before trolling is taken seriously?」, 《METRO》, 2019. 10. 15.

5. 〈악플의 밤〉 4회, JTBC, 2019. 7. 12.

6. 강준만, 『세계 문화의 겉과 속』, 인물과사상사, 2012, 401쪽.

7. 강민진 기자, 「[역사 속 오늘] 다시 읽는 청년 전태일의 '마지막 편지'」, 《한겨레》, 2017. 11. 13.

8. 고은상 기자, 「[단독] 정규직 '목숨값' 비정규직의 3배?…현대판 신분제」, 〈MBC 뉴스데스크〉, 2019. 8. 19.

9. 김훈, 「라이프인·생명안전시민넷 공동 기획 안전 칼럼 [김훈 작가 신년 칼럼]: 전태일과 김용균」, 《LIFEIN》, 2019. 1. 2.

10. 나경희 기자, 「빛 밝히다 꺼져 간 '한낱 일회용' 전기 노동자」, 《시사IN》 752호, 2022. 2. 14.

11. 김현경, 『사람, 장소, 환대』, 문학과지성사, 2015, 216쪽.

12. 아비지트 배너지·에스테르 뒤플로, 『힘든 시대를 위한 좋은 경제학』, 김승진 옮김, 생각의힘, 2020, 447쪽.

13. 환경보건시민센터, 「환경보건시민센터 보고서 217호(2016년도-3호): 가습기 살균제 문제 전국 여론조사」, 2016. 1. 17.

14. 김상범 기자, 「가습기 살균제 사망자 '1995년' 첫 발생」, 《경향신문》, 2017. 3. 6.

15. 김정수 기자, 「폐렴 사망자 7만 명 중 2만 명 가습기 살균제 때문일 수도」, 《한겨레》, 2016. 10. 27.

16. 이덕환, 「이덕환의 과학 세상(553): 화학물질 포비아」, 《디지털타임스》, 2016. 5. 17.

17. 김지환 기자, 「3D 프린터 사용 교사 7명 육종암·유방암 등 발병 확인」, 〈YTN 탐사 보고서 기록〉, 2021. 12. 8.

18. 시 전문은 다음에 수록되어 있다. 조르조 아감벤, 『얼굴 없는 인간: 팬데믹에 대한 인문적 사유』, 박문정 옮김, 효형출판, 2021, 151~154쪽.

19. 김진리, 「황화론의 재부상: 코로나19 바이러스 시대 프랑스 사회의 동양인 혐오」, 《국제사회보장리뷰》 2020년 겨울호 Vol 15., 40쪽.

20. 노재현 기자, 「작년 미국 내 16개 도시서 아시아계 대상 혐오범죄 149% 급증」, 《연합뉴스》, 2021. 3. 21.

21. 박호걸·신심범 기자, 「코로나 격차…누군 식비를, 누군 여행을 줄였다」, 《국제신문》, 2022. 1. 2.

22. 추적단 불꽃, 『우리가 우리를 우리라고 부를 때: N번방 추적기와 우리의 이야기』, 이봄, 2020, 294쪽.

23. 국민일보 특별취재 팀(with 추적단 불꽃), 「[n번방 추적기①] 텔레그램에 강간노예들이 있다」, 《국민일보》, 2020. 3. 9.

24. 경찰청, 「디지털 성범죄 특별수사본부 운영(3.25.~12.31.) 결과」, 2020년 12월 30일 자 보도자료.

25. 김완 기자, 「청소년 '텔레그램 비밀방'에 불법 성착취 영상 활개」, 《한겨레》, 2019. 11. 10.

26. 특별취재 팀, 「성착취방 지배하는 '박사', 현실의 찌질함 잊는 상상 속 권력」, 《한겨레》, 2019. 11. 26.

27. 심영구·이유민·이승우 기자, 「[마부작침] 판결문 통해 본 '불촬'

대한민국 ①: 불법촬영범 10명 중 9명은 집으로⋯국민은 성큼, 판결은 제자리」, 〈SBS 뉴스〉, 2020. 5. 18.

28. 김지혜 기자, 「손정우 석방에⋯BBC "성착취범이 계란 도둑과 같은 형량"」, 《중앙일보》, 2020. 7. 7.

29. OECD, 『Government at a Glance 2021』(2021 한 눈에 보는 정부 보고서), 2021. 7. 9.

30. 김효정 기자, 「N번방, 우리 옆의 괴물들⋯모두가 공범이다」, 《주간조선》 2601호, 2020. 3. 30.

31. 신준명 기자, 「SNS에서 여전히 활개 치는 n번방 망령, 미성년자 소개 유인도」, 〈YTN〉, 2022. 1. 10.

32. 루스 베이더 긴즈버그, 『긴즈버그의 차별 정의』, 이나경 옮김, 블랙피쉬, 2021, 96쪽.

33. 김동식·황정임·동제연, 「임신중단(낙태)에 관한 여성의 인식과 경험 조사」, 2017, 한국여성정책연구원.

34. 최보식 기자, 「나는 페미니스트. 그러나 정치판에서는 여성도 경쟁 상대」, 《조선일보》, 2007. 5. 12.

35. Lisa Ryan, 「An Anti-Abortion Propaganda Film Is Selling Out Theaters Across the U.S.」, 《THE CUT》, 2019. 4. 9.

36. Jordan Hoffman, 「Unplanned review: anti-abortion propaganda is a gory mess」, 《The Guardian》, 2019. 3. 29.

37. 박용필 기자, 「프란치스코 교황 "낙태는 '나치의 우생학'과 다르지 않다"」, 《경향신문》, 2018. 6. 17.

38. 김승섭, 「낙태 금지는 여성을 죽인다」, 《한겨레21》 1134호, 2016. 10. 24.

39. 문정우, 「훈장 반납한 씨랜드 참사 유족 김순덕 씨 "이 땅에서 살 의미를 잃었다"」, 《시사저널》, 1999. 9. 9.

40. 강지혜 기자, 「일베 등 '보수 청년'들, 광화문 세월호 단식 농성장서 '폭식투쟁'」, 《뉴시스》, 2014. 9. 7.

41. 박홍두 기자, 「청와대 앞 경비 과잉대응 경찰, 무단 불심검문 계

속」,《경향신문》, 2014. 9. 3.

42. 최경호 기자, 「D-링 늘린 세월호, 화물 운임 30억 더 벌어」,《중앙일보》, 2014. 6. 9.

43. 정병진, 「교도소에서 만난 이준석 선장, "사고 원인? 나도 답답하다"」,《오마이뉴스》, 2019. 4. 19.

44. 고제규 기자, 「공개된 녹취록…청와대, "다른 거 하지 말고 영상부터"」,《시사IN》 357호, 2014. 7. 17.

45. 박정호·이종호, 「'VIP 보고' 우왕좌왕…"세월호 영상 바로 보내"」,《오마이뉴스》, 2014. 7. 3.

46. 이성욱, 「세월호 참사 보도에 나타난 언론의 가상성」,《한국콘텐츠학회논문지》제16권 제10호, 2016, 769쪽.

47. 이성욱, 같은 글, 770쪽.

48. 416 세월호참사 시민기록위원회 작가기록단, 『금요일엔 돌아오렴: 240일간의 세월호 유가족 육성 기록』, 창비, 2015, 342쪽.

49. 파커 J. 파머, 『비통한 자들을 위한 정치학 : 왜 민주주의에서 마음이 중요한가』, 김찬호 옮김, 글항아리, 2012, 112쪽.

50. 노현웅 기자, 「전두환 친구에서 후계자까지…2인자 노태우의 일생」,《한겨레》, 2021. 10. 26.

51. 김태규 기자, 「박근혜 대통령 "개헌 반대" 발언 6가지」,《한겨레》, 2016. 10. 24.

52. 한광범 기자, 「박근혜 임기 중 12억 재산 증식 비법은?…'국고의 사유화'」,《이데일리》, 2018. 1. 5.

53. 박세열 기자, 「박근혜, "5·16 혁명 없었으면 우린 공산당의 밥"」,《프레시안》, 2012. 9. 13.

54. 〈손석희의 시선집중〉, MBC 라디오, 2012. 9. 10.

55. 김정남, 「김정남의 '증언, 박정희 시대' ③ 인혁당 재건위 사건〈상〉: 세계 최악의 사법 살인, 조작부터 사형까지 박정희 작품」,《한겨레》, 2011. 11. 14.

56. 김종철 기자, 「박근혜, "과거로 가려면 한없어…이제 미래로 가

자」,《한겨레》, 2012. 8. 20.

57.   유길용 기자, 「'조국 정국'의 상흔으로 남은 '광장의 분열'」,《월간
      중앙》인터넷판, 2019. 10. 26.

58.   정현용 기자, 「단국대 학생들 시국 선언문 "장영표 교수, 책임지
      고 물러나라"」,《서울신문》, 2019. 8. 23.

59.   정종윤 기자, 「단국대 학생 시국 선언에 극우 단체 개입? "특정
      정당이 도와"」,《굿모닝충청》, 2019. 8. 25.

60.   황재돈 기자, 「조국 관련 단국대 시국 선언, 재학생 여부 논란」,
      《디트NEWS24》, 2019. 8. 23.

61.   이형기, 「서울 의대 교수가 본 조국 딸 의혹, "명백한 스펙 위조·
      뺑튀기"」,《중앙일보》, 2019. 8. 26.

62.   전형민 기자, 「수시 블라인드 했더니 특목고가 싹쓸이, 서울대 톱
      30에 일반고 전멸」,《매일경제》, 2022. 1. 9.

북트리거 일반 도서

북트리거 청소년 도서

민낯들

잊고 또 잃는 사회의 뒷모습

1판 1쇄 발행일 2022년 5월 10일
1판 2쇄 발행일 2022년 10월 15일

지은이 오찬호
펴낸이 권준구 | **펴낸곳** (주)지학사
본부장 황홍규 | **편집장** 윤소현 | **편집** 김지영 양선화 서동조 김승주
책임편집 김지영 | **디자인** 정은경디자인
마케팅 송성만 손정빈 윤술옥 이혜인 | **제작** 김현정 이진형 강석준
등록 2017년 2월 9일(제2017-000034호) | **주소** 서울시 마포구 신촌로6길 5
전화 02.330.5265 | **팩스** 02.3141.4488 | **이메일** booktrigger@jihak.co.kr
홈페이지 www.jihak.co.kr | **포스트** http://post.naver.com/booktrigger
페이스북 www.facebook.com/booktrigger | **인스타그램** @booktrigger

ISBN 979-11-89799-70-0 (03330)

북트리거

트리거(trigger)는 '방아쇠, 계기, 유인, 자극'을 뜻합니다.
북트리거는 나와 사물, 이웃과 세상을 바라보는 시선에 신선한 자극을 주는 책을 펴냅니다.